军人常见心理问题解析及辅导

于爱英 编著

电子工业出版社
Publishing House of Electronics Industry
北京·BEIJING

内容简介

本书选取军人在兵之初、日常工作、人际交往、个人生活（包括恋爱、婚姻、家庭等方面）常见的心理问题，以及几种常见的精神疾病，通过具体案例进行针对性分析，深入剖析各种心理问题背后隐藏的心理需求、内在动力及相关影响因素，并提出心理辅导的思路和方法。

本书可作为军人、心理骨干、心理咨询师及部队教育管理工作人员的参考书，也可作为社会大众进行自我心理疏导的参考书。

未经许可，不得以任何方式复制或抄袭本书之部分或全部内容。
版权所有，侵权必究。

图书在版编目（CIP）数据

军人常见心理问题解析及辅导 / 于爱英编著. —北京：电子工业出版社，2021.9
ISBN 978-7-121-41779-5

Ⅰ. ①军… Ⅱ. ①于… Ⅲ. ①军人—心理健康—健康教育 Ⅳ. ①E0-051

中国版本图书馆 CIP 数据核字（2021）第 163015 号

责任编辑：刘小琳
印　　刷：北京虎彩文化传播有限公司
装　　订：北京虎彩文化传播有限公司
出版发行：电子工业出版社
　　　　　北京市海淀区万寿路 173 信箱　　邮编 100036
开　　本：787×1 092　1/16　印张：13.25　字数：256 千字
版　　次：2021 年 9 月第 1 版
印　　次：2023 年 3 月第 4 次印刷
定　　价：79.00 元

凡所购买电子工业出版社图书有缺损问题，请向购买书店调换。若书店售缺，请与本社发行部联系，联系及邮购电话：（010）88254888，88258888。
质量投诉请发邮件至 zlts@phei.com.cn，盗版侵权举报请发邮件至 dbqq@phei.com.cn。
本书咨询联系方式：linxl@phei.com.cn，（010）88254538。

编委会

主　　审：卫　勇　周　劲　薛　川

编　　审：邱家勇　石　伟

保密审查：翟成阳

前 言

身为一名心理教育工作者和心理咨询师，从业近三十年的时间里，一直在和人打交道，观察人的心理现象，剖析各种各样的心理问题。我印象里最深刻的一例咨询，持续时间长达七年之久，往来的咨询信件就多达上百封。

随着工作经验的不断积累，阅历的丰富，以及年岁的渐长，我对人的认识也不断深化，对人的差异性及其心理活动的复杂性的体会也日益深刻。从宏观的意义上来看，所有与人相关的现象，都可以归结为人的心理现象，有人活动的地方，就会留下人的心理作用的种种痕迹，而所谓"心理问题"，本质上也是人在生存过程中发展出来的特殊心理反应机制。

心理问题的产生，诱因常常是外部环境和客观事件，根源却在人的内在精神需求和心理动力机制。每个人都从自己的历史中走来，具有独特的个人风貌，这种独特性里携带着家族遗传基因和代际传承的精神特质，也蕴藏着特定的社会历史文化信息。回溯一个人的生命历史、成长经历，常常能够找到解决"心理问题"的密钥。

解决"心理问题"的过程，犹如猜谜，亦如探险，有时有"曲径通幽"的惊喜，有时有"众里寻他千百度，蓦然回首，那人却在灯火阑珊处"的恍然，更多时候感受到的是在荆棘丛生中艰难探索的沉重感。在心灵世界里跋涉得越久，越能感受到自己的局限和无知，在咨询过程中也就越发谨慎和小心。

心理咨询师的作用类似一个人的伙伴和拐杖，在他行走人生的过程中，遇到受伤或经过某个难走的路段时，会帮助他包扎伤口，陪他共克时艰，随时为他提供有力的支撑和协助。

军人是一个特殊的职业群体，对这个群体我一直有着深厚的感情。运用自己的专业知识和技能为这个群体服务越久，对他们的了解越多，我越能体会他们的辛苦和不易，越能理解他们异于常人的坚韧和顽强，也越发愿意倾尽所能为他们提供力所能及的帮助，但同时也常常遗憾自己能力水平有限，能提供的帮助也十分有限。

本书所选案例问题为在军人的工作生活中比较常见、具有普遍性和代表性、来访咨询比例相对较高的问题。根据咨询伦理规范和要求，为保护心理咨询中来访人员的隐私，在写作过程中，所有案例均进行了重新改编、加工和创作，隐去了所有真实信息，案例中出现的来访者姓氏和年龄，也均为改编后的虚假姓氏和年龄。案例情节如有雷同，纯属巧合。

受个人知识水平和能力所限，书中难免存在阐述不当或失误之处，同时出于多方面顾虑，案例解析中略去了较为深入的心理动力解析过程，也未对咨询过程做完整呈现，仅重点强调了认知调整和心理教育部分。相信心明眼亮的心理专业人士看得出其中的缺点和不足，恳请各位读者多多指教。

此书完稿已有两三年，一直在不断修改，但都不甚满意。原本没有十足的信心出版，幸有领导和同事的大力支持和鼓励。"丑媳妇总要见公婆"，如今盖头已被掀起，唯有勇敢面对一切。

感谢我的单位、领导、同事和战友为出版此书做出的贡献，他们提供了许多建设性的建议、帮助和支持；感谢几十年来信任、支持、陪伴我的来访战友们，正是他们对我的感染、激励，才促使我不断努力、坚持学习，从而在心理上不断成长，在专业技术上不断进步；也感谢国家二级心理咨询师、律师本轲战友，他在此书出版前为我提供了有益的法律参考。

于爱英

2021 年 1 月 22 日

目 录

第一章 入伍初期常见的心理问题 001

【问题表现一】入伍初期的心理变化 001
一、案例呈现 001
二、心理解析 003
三、心理辅导——怎样尽快适应军营生活 006
四、小结 008

【问题表现二】想家的时候怎么办 008
一、案例呈现 008
二、心理解析 009
三、心理辅导——入伍适应期如何克服想家的情绪 011
四、小结 013

【问题表现三】与人发生矛盾怎么办 013
一、案例呈现 014
二、心理解析 014
三、心理辅导——战友之间如何进行有效沟通 016
四、小结 018

【问题表现四】如何应对挫折 018
一、案例呈现 018

二、心理解析 ··· 019

三、心理辅导——如何有效应对挫折 ································· 021

四、小结 ··· 022

【问题表现五】如何实现自我价值 ···································· 022

一、案例呈现 ·· 022

二、心理解析 ·· 024

三、心理辅导——如何实现自我价值 ································· 025

四、小结 ··· 027

【问题表现六】如何应对心理困扰 ···································· 027

一、案例呈现 ·· 027

二、心理解析 ·· 028

三、心理辅导——如何应对心理困扰 ································· 030

四、小结 ··· 032

第二章 工作中常见的心理问题 ··· 033

【问题表现一】工作中的完美主义 ···································· 033

一、案例呈现 ·· 033

二、心理解析 ·· 034

三、心理辅导——怎样改善过度追求完美导致的心理问题 ······ 037

四、小结 ··· 039

【问题表现二】工作中的倦怠心理 ···································· 040

一、案例呈现 ·· 040

二、心理解析 ·· 041

三、心理辅导——如何应对职业倦怠 ································· 043

四、小结 ··· 046

【问题表现三】工作中的拖延心理 ···································· 048

一、案例呈现 ··· 048
　　二、心理解析 ··· 049
　　三、心理辅导——如何改善拖延习惯 ··· 052
　　四、小结 ··· 054
【问题表现四】工作中的压力排解 ··· 054
　　一、案例呈现 ··· 054
　　二、心理解析 ··· 056
　　三、心理辅导——如何排解压力 ··· 057
　　四、小结 ··· 059
【问题表现五】工作中的失败和挫折应对 ·· 060
　　一、案例呈现 ··· 060
　　二、心理解析 ··· 061
　　三、心理辅导——如何应对失败和挫折 ······································ 063
　　四、小结 ··· 065
【问题表现六】"工作狂"的烦恼 ··· 065
　　一、案例呈现 ··· 065
　　二、心理解析 ··· 067
　　三、心理辅导——怎样改善"工作狂"超常投入的问题 ······················ 069
　　四、小结 ··· 071

第三章　人际交往中常见的心理问题 ·· 072

【问题表现一】如何客观看待他人评价 ·· 072
　　一、案例呈现 ··· 072
　　二、心理解析 ··· 073
　　三、心理辅导——怎样客观看待他人评价 ···································· 076
　　四、小结 ··· 077

【问题表现二】人际交往中缘何"出口伤人"……………………078
　一、案例呈现……………………………………………………078
　二、心理解析……………………………………………………079
　三、心理辅导——怎样改善人际关系…………………………081
　四、小结…………………………………………………………083

【问题表现三】如何克服怯场心理………………………………083
　一、案例呈现……………………………………………………084
　二、心理解析……………………………………………………085
　三、心理辅导——怎样克服怯场心理…………………………086
　四、小结…………………………………………………………088

【问题表现四】如何克服对权威的畏惧心理……………………089
　一、案例呈现……………………………………………………089
　二、心理解析……………………………………………………090
　三、心理辅导——怎样缓解在领导面前的紧张感……………091
　四、小结…………………………………………………………092

【问题表现五】如何看待心直口快的人…………………………093
　一、案例呈现……………………………………………………093
　二、心理解析……………………………………………………094
　三、心理辅导——怎样改善交往中的语言表达………………095
　四、小结…………………………………………………………097

【问题表现六】如何克服敏感多疑心理…………………………097
　一、案例呈现……………………………………………………097
　二、心理解析……………………………………………………098
　三、心理辅导——怎样改善过度敏感的心理…………………100
　四、小结…………………………………………………………101

第四章　恋爱中常见的心理问题 ……………………………………102

【问题表现一】怎样提高恋爱成功率 …………………………………102
一、案例呈现 ……………………………………………………………102
二、心理解析 ……………………………………………………………103
三、心理辅导——如何提高恋爱成功率 ………………………………106
四、小结 …………………………………………………………………107

【问题表现二】如何摆脱失恋的痛苦 …………………………………108
一、案例呈现 ……………………………………………………………108
二、心理解析 ……………………………………………………………109
三、心理辅导——如何对待失恋 ………………………………………111
四、小结 …………………………………………………………………112

【问题表现三】异地恋该怎样相处 ……………………………………112
一、案例呈现 ……………………………………………………………113
二、心理解析 ……………………………………………………………113
三、心理辅导——异地恋的交流与相处方式 …………………………114
四、小结 …………………………………………………………………117

【问题表现四】怎样看待恋人间的性格差异 …………………………117
一、案例呈现 ……………………………………………………………117
二、心理解析 ……………………………………………………………118
三、心理辅导——性格不同的恋人如何增进亲密关系 ………………119
四、小结 …………………………………………………………………121

【问题表现五】平衡爱情的理想与现实 ………………………………121
一、案例呈现 ……………………………………………………………121
二、心理解析 ……………………………………………………………123
三、心理辅导——如何平衡爱情中理想与现实的关系 ………………124

四、小结 ··· 126

【问题表现六】恋人之间发生争吵怎么办 ···································· 126

　　一、案例呈现 ··· 126

　　二、心理解析 ··· 128

　　三、心理辅导——恋人发生争吵时如何处理 ···························· 129

　　四、小结 ··· 131

第五章　婚姻家庭中常见的心理问题 ·· 132

【问题表现一】婚前婚后的变化 ·· 132

　　一、案例呈现 ··· 132

　　二、心理解析 ··· 133

　　三、心理辅导——怎样改善夫妻关系 ····································· 136

　　四、小结 ··· 137

【问题表现二】分居两地的夫妻相处 ·· 138

　　一、案例呈现 ··· 138

　　二、心理解析 ··· 139

　　三、心理辅导——分居两地夫妻相处的注意事项 ····················· 141

　　四、小结 ··· 142

【问题表现三】夫妻争吵的艺术 ·· 142

　　一、案例呈现 ··· 143

　　二、心理解析 ··· 143

　　三、心理辅导——如何看待和处理争吵 ································· 145

　　四、小结 ··· 146

【问题表现四】孩子为什么不听话 ··· 147

　　一、案例呈现 ··· 147

　　二、心理解析 ··· 148

三、心理辅导——如何科学教育孩子 ………………………………… 151

四、小结 ……………………………………………………………… 154

【问题表现五】高高兴兴上学去 ……………………………………… 154

一、案例呈现 ………………………………………………………… 154

二、心理解析 ………………………………………………………… 155

三、心理辅导——如何帮助孩子适应幼儿园生活 …………………… 156

四、小结 ……………………………………………………………… 158

【问题表现六】怎样帮助孩子建立自信心 …………………………… 158

一、案例呈现 ………………………………………………………… 159

二、心理解析 ………………………………………………………… 159

三、心理辅导——如何帮助孩子建立自信心 ………………………… 160

四、小结 ……………………………………………………………… 164

第六章 常见的心理障碍 ………………………………………… 165

【问题表现一】抑郁症 ………………………………………………… 165

一、案例呈现 ………………………………………………………… 165

二、心理解析 ………………………………………………………… 166

三、心理治疗——怎样改善抑郁症 …………………………………… 170

四、小结 ……………………………………………………………… 171

【问题表现二】焦虑症 ………………………………………………… 172

一、案例呈现 ………………………………………………………… 172

二、心理解析 ………………………………………………………… 172

三、心理治疗——怎样改善焦虑症 …………………………………… 175

四、小结 ……………………………………………………………… 176

【问题表现三】强迫症 ………………………………………………… 176

一、案例呈现 ………………………………………………………… 177

二、心理解析 ·· 178
　　三、心理治疗——怎样改善强迫症 ·· 180
　　四、小结 ·· 182
【问题表现四】恐惧症 ··· 182
　　一、案例呈现 ··· 183
　　二、心理解析 ··· 183
　　三、心理治疗——怎样改善恐惧症 ·· 185
　　四、小结 ·· 186
【问题表现五】被害妄想 ·· 186
　　一、案例呈现 ··· 187
　　二、心理解析 ··· 187
　　三、心理治疗——被害妄想的治疗建议 ····································· 190
　　四、小结 ·· 190
【问题表现六】精神分裂症 ··· 191
　　一、案例呈现 ··· 191
　　二、心理解析 ··· 192
　　三、心理治疗——精神分裂症的治疗建议 ·································· 194
　　四、小结 ·· 194

参考文献 ·· 196

第一章
入伍初期常见的心理问题

【问题表现一】入伍初期的心理变化

军营是比较特殊的职业环境,新兵入伍初期,首先需要从身体、心理和行为方式等方面,尽快适应军营工作生活环境和军人职业规范,顺利完成由普通社会青年向军人的角色转变。对于新兵而言,能否顺利度过入伍初期这个特殊阶段,对其今后的成长和个人发展都具有重要的影响。通过对入伍初期的新兵进行观察和研究发现,新兵在进入军营后,通常会经历一系列复杂的心理变化,他们会感受到剧烈的内心冲突,体验到情绪上的起伏波动,也会经历认知观念的重建、个性和行为的重塑等发展变化过程。如果新兵对入伍初期可能面临的挑战和考验缺乏充分的心理准备,进入军营后面对新环境、新事物,就可能出现适应不良现象,产生各种心理问题。

一、案例呈现

小汪来自地方高校,他从小就很崇拜军人,喜欢看军旅题材的影视作品。上初中的时候他将电视连续剧《士兵突击》一集不落地看完了,剧中的许三多也成为小汪崇拜的偶像。上大学后,学校征兵,小汪和老师、父母商量后,决定报名应征。小汪顺利通过了层层考核和选拔,如愿以偿成为一名军人。刚穿上崭新的军装那一刻，他心里别提有多高兴了，感觉自己像做梦一样，对军营和自己未来的生活充满了向往和憧憬。

告别亲人和熟悉的校园生活，小汪来到了部队。刚进入军营，他眼里看到的一切既新鲜又令人好奇，但是没过多久，小汪就感受到了烦恼。就拿整理内务来说，开始学习叠被子时，他发现自己怎么都叠不好。班长为此经常批评他，有一次班长把他的被子从床上扔到了地上，让他重新整理。那一刻，小汪觉得无地自容，心里很沮丧，也很愤怒，自尊心和自信心都受到了很大的打击。以前在家里哪有人这样批评过自己啊？小汪是个爱面子的人，可现在他觉得自己事事不如人，心里一点底气都没有了。慢慢地，小汪有了消极抵触情绪，做事情就更容易出错了，被批评的次数越来越多，小汪也越来越郁闷，开始怀疑自己当初的选择。

班上有一个人是小汪的同乡，两人的关系比较要好，同乡经常安慰和鼓励小汪，这多少缓解了小汪的郁闷情绪，但他心里的郁结并未消失。细心的教导员发现小汪闷闷不乐，主动找小汪谈心，交流思想，逐渐了解了他内心的想法和苦闷。教导员没有指责小汪，而是表示非常理解小汪当前的苦闷，并说自己当年刚入伍时也有同样的感受，接着他给小汪讲了自己当年刚入伍时的故事，以及后来发生转变的过程。小汪没想到平时看起来威严的教导员，以前也有过困惑和迷茫，甚至在有些方面比自己表现得还激烈。他觉得遇到了同类人，感到自己被理解了，心里畅快了许多。为了帮助小汪尽快化解不良情绪和内心困扰，教导员一方面提醒班长注意改进管理方式和态度，另一方面找到心理咨询师，为小汪提供专业的心理服务。在大家的耐心帮助和引导下，小汪的想法和看法开始发生转变，心里的苦闷也减轻了。他开始积极主动地参与班里的各种活动，各方面都有了明显的进步。后来，在新兵营组织的一次训练比武中，小汪获得了全营第二名的好成绩，战友们都纷纷向他表示祝贺。那一刻，小汪感到格外高兴和自豪，他也终于找回了自信和踏实感，真正安下心来继续训练和学习了。

二、心理解析

（一）入伍初期要经历的难关

1. 适应难关

每当人们进入一个新的环境时，无论是生理还是心理，都会感受到不同以往的变化，会经历一个由不习惯到习惯的发展阶段，这个发展阶段被称为适应期。军人入伍初期一般要面临三个方面的适应问题。

一是身体适应。新兵入伍需要接受高强度的军事训练，这对体能的要求比较高。身体素质能否跟得上，军事训练的节奏和强度能否逐步适应，各项体能能否达标，这些都会让新兵在心理上感受到巨大的挑战和考验。

二是环境适应。环境适应既包括对工作、生活环境的适应，也包括对职业规范和要求的适应。军人职业环境复杂多样，有的单位驻扎在深山、海岛、高原、荒漠、无人区等自然环境条件相对艰苦的地方，有的单位需要官兵长期置身于舰船、飞行器、航空航海等封闭、高压、高危等特殊的工作环境中；军人职业要求严格，规范意识强，注重纪律，要求绝对服从命令，一切行动听指挥，个人自由受到严格约束和限制；另外，在各种生活细节方面也会面临许多不便、不适，如洗浴、住宿、饮食、蚊虫叮咬、伤病等，以上所有因为环境变化而带来的心理体验和情绪变化，常常也是新兵需要面对的问题和克服的心理难关。

三是心理适应。入伍之后，新兵需要接受系统的思想政治教育和严格的军事训练，在思想认识观念、个人生活习惯、行为举止等方方面面进行重塑。这个过程中，新兵会感受到较大的心理冲击，会产生内心冲突和情绪困扰，这需要新兵不断提高认识水平，努力战胜自我，积极主动适应环境变化和职业要求。

2. 由依赖走向独立

新入伍的军人大多是二十岁左右的年纪，处在青年期发展初期，是由学校、家庭向社会的过渡阶段，从心理成长阶段来看，正处于由依赖向独立转变的时期。一旦与熟悉的家人、朋友分离，置身于陌生的环境中，会本能地感到紧张不安、无所适从。脱离了原先依赖的对象，脱离了被父母照顾的熟悉生活氛围，需要自己独立面对和处理各种生活琐事，意味着心理上的"舒适区"遭到破坏，安全感受到威胁，心理上紧张不安，内心压力骤增，很容易产生焦虑、抑郁、害怕、孤独等负面情绪，尤其是在遇到困难感到孤独无助的时候，会格外想家、想念亲人朋友。这个阶段需要新兵克服远离亲人和以往熟悉的环境导致的焦虑不安情绪，要有积极主动融入新环境的自觉意识，并能尽快建立自己的社会支持系统，以便获得及时有效的支持和帮助，缓解不良情绪困扰。

3. 人际适应

军队是一个集体意识强、注重团队协作的组织。一进入军营，每天的训练、学习和生活都要和其他人共同完成。新兵来自不同的地方，每个人的家庭背景、成长经历各不相同，性格差异大，彼此暂时还不熟悉，怎样处理好人际关系就成为每个人都必须面对的事情。人际关系的亲疏远近影响人们对新环境的认同感和接纳程度。新兵入伍初期，如果和周围人相处得比较融洽和睦，心理上就会有归属感和被支持感，面对各种不适应也就容易保持努力克服的信心。相反，如果一个人与其他人的关系比较疏离，对周围的人缺乏信任感和亲近感，他就容易感到孤独、无助和紧张不安，遇到困难时也就容易灰心丧气，缺乏信心，产生逃避的想法。

（二）个体心理成熟水平

个体心理成熟水平主要表现在认知水平、情绪控制能力、意志力水平、个性品质等方面。

1. 认知水平

新兵年龄一般为二十岁左右，处于人生观、价值观发展形成的阶段，对人、对事、对社会等各方面的认识还不够成熟，观念上容易以偏概全，走极端；有的新兵刚从学校毕业或者正在上大学，生活经验和认知范围都比较有限，对军营和军人职业常常缺乏充分的了解，对可能面临的困难也缺乏必要的心理准备。当他们进入军营，体验到与以往经验完全不同的生活，尤其是当面对那些不熟悉、不习惯的事情时，就更容易产生认识上的困惑。

2. 情绪控制能力

新兵处于青年期发展初期，管理情绪的能力有限。案例中小汪体验到的情绪变化和消极情绪困扰，在新兵入伍初期是比较常见的。不良情绪会损耗人的心志，影响人形成正确的认识观念。对新兵而言，需要帮助他们学习识别自己的情绪状态，觉察不合理认知观念，掌握化解不良情绪、合理宣泄情绪等的科学方法，提高自我调节及管理情绪的能力，帮助自己不断平衡内心世界，以更好地适应环境的变化。

3. 意志力水平

人努力的过程就是调动意志力的过程。努力是对自我缺陷的克服，意味着自己要克服面临的困难，承受各种压力，坚持既定的方向等。一个人意志力水平如何，往往影响他未来的发展和努力的结果。对于意志力较强的人来说，他会主动调动自己的各方面资源，迎难而上，努力作为，以克服面临的各种困难；而对于意志力较薄弱的人来说，他可能就会知难而退，更易采取逃避反应和行为。

4. 个性品质

良好的个性品质有助于人适应环境。个性品质是一个人的需求、动机、信念、价值观、能力、气质、性格等方方面面因素的综合反映。新兵的入伍动机、奋斗目标、个人信念、价值倾向、能力水平、性格特点等各方面都会影响他对军营生活的态度、看法和行为表现。一般来说，有着明确的动机、强烈的愿望、坚定的信念、清晰的目标、不怕困难、性格较为坚强成熟的人，更能面对挑战和克服困难；相反，如果动机较弱、意志力薄弱、缺乏信心、没有明确目标和方向，则更容易在遇到困难时退缩不前。新兵正处于发展变化阶段，应通过加强教育训练、进行针对性引导，帮助其塑造积极健康的个性品质，促进其心理逐步走向成熟。

案例中小汪的经历和体验，与上述各方面因素的综合影响有关。当他感到环境中的各种挫折和不如意时，面临挑战和考验的时候，也是其内心矛盾冲突加剧、情绪波动、心理失去平衡、压力激增及出现认知偏差的关键时期。这时需要有人来帮助他走出困境，看清自己的处境和认知局限，努力想办法摆脱情绪困境，重新建立内心的平衡和稳定性。

三、心理辅导——怎样尽快适应军营生活

要想使初入军营的新兵尽快适应军营生活，为其以后的发展打下良好基础，从教育管理工作者的角度而言，需要做好以下三个方面的工作。

（一）入伍初期通过教育引导帮助新兵做好充分的心理准备

新兵进入军营之前，需要对军营环境和军人的生活进行必要的了解，对自己即将面对的各种情况有比较充分的心理准备。例如，部队所在地区的环境情况、新兵入营后要接受的教育和训练、军人工作和生活的一般状态、可能会遇到的困难和问题，等等。通过了解各方面的情况，逐步建立对部队生活较为客观的认识，尽可能减少头脑中那些不切实际的想象，从而做到心中有数，为将来真正进入军营做好较为充分的心理准备，这样在进入军营后或者遇到问题时，便不会感到失落、慌张或者手足无措。

案例中的小汪在入伍前对部队生活缺乏客观的了解，对部队生活和军人职业的认识仅仅停留在影视剧和文学作品所描绘的场景想象当中，这种想象脱离了实际，所以当他真正进入军营后，便感受到了巨大的心理落差。由于认识能力有局限，情绪调节能力比较弱，与人相处的经验及解决问题的能力也都有不足，加之部队管理工作也存在一些疏忽和不足的地方，因此，当小汪因受到批评、遇到挫折而情绪低落时，情绪得不到及时有效的纾解，不良情绪不断积累，使得他陷在消极情绪中不能自拔，认识上也因此走向了偏狭和极端，由此对自己选择的正确性产生怀疑，甚至产生了逃避（离开）的想法。

（二）教育管理工作中注意方式方法

新兵进入军营后，各种挑战和考验会接踵而来。环境条件、生活习惯、行为方式、交往人员等方面与入伍前相比都有很大的变化。对个体而言，需要经

历从被动适应到主动适应的转化过程。在这个过程中，旧的心理惯性被打破，新的行为模式还在学习训练当中，新兵主动改变自己、适应变化的心理自觉还没有完全形成。这期间，新兵会感受到许多挫折体验，引发激烈的内心冲突和矛盾困扰，进而影响他们的认识和行为。

新兵心理困扰的产生，也与其自身心理发展特点有关。例如，认识水平有限，情感发展不成熟，心理独立性和意志力水平等各方面都还处在发展完善阶段，一旦遇到挫折和困难，容易受情绪影响，形成片面认识，并产生退缩和逃避的想法。

根据新兵心理发展的特点，部队管理工作要注意采用恰当的方式方法，尽可能地帮助新兵及时化解不良情绪，提高认识水平，保持积极心态，鼓励他们通过坚持不懈的努力来磨炼意志，巩固良好行为，尽快适应军营生活。

案例中小汪由于对军营情况缺乏了解，心理准备不足，适应过程中显得较为被动，遭受挫折后陷入消极情绪中，缺乏积极有效的应对策略，这是他产生心理困扰的内在原因。后来在教导员、心理咨询师和班长的帮助下，小汪逐渐端正认识，走出情绪困境，在后来的学习训练中通过努力取得了好成绩，并重新找回自信。

（三）加强心理关怀，做好心理辅导工作

新兵入营初期，要注重做好新兵入伍初期的环境适应和职业角色转化工作，部队在教育管理中要时刻关注关怀新兵的心理感受，根据新兵的心理发展特点和每个人的具体情况，采用恰到好处的方式方法开展教育引导，帮助新兵顺利度过心理适应期。

案例中的教导员在这方面做了很好的示范，他在小汪的转变过程中起到了很关键的作用。由于教导员采用的方法得当，小汪开始接受现实，认同并内化了他的价值观念，并因此激发出了主动改变的意识和积极行为，教导员的工作方法取得了良好效果。

四、小结

适应环境是人生存的基本能力。人们在生活过程中随时都有可能面临环境的改变,无论处在什么样的环境中,都要以积极乐观的态度自觉主动地适应环境要求,通过不断提高和完善自己的认知水平,发展相对成熟的情绪反应模式,充分调动意志力,时刻让自己保持相对稳定和平衡的心态,在消极情绪发生时能够及时做出调整,不使自己陷入消极情绪的泥潭中被过度消耗。只有这样,才能充分发挥自己的心理潜能,做出一个又一个成绩,不断向奋斗目标靠近。

入伍初期的军人会经历各种心理体验和变化,对他们而言,需要在心理上做好充分的准备,学习以更为有利的方式不断完善自己的个性品质,积极主动地应对环境的变化,努力克服各种困难以适应军营生活,逐步培养出军人应有的职业心理素养。对组织而言,需要以科学的态度、恰当的方法开展工作,着力在心理关怀和教育引导上下功夫,尽可能地帮助军人以正确的态度和有效的行动积极主动地适应变化,使军人不断成长进步。

【问题表现二】想家的时候怎么办

新兵入伍,最常体验到的情绪是想家,想家的时候,各种复杂的感受都会涌上心头。对一名入伍不久的新兵来说,该怎样认识和对待想家的情绪呢?

一、案例呈现

小龙是家里的独生子,家庭条件比较好,父母收入也比较高。小龙从小是在爷爷奶奶的宠爱中长大的。小龙的父母由于工作忙,平时照顾小龙的时候不多,但只要小龙想要的,他们总会尽可能满足他。小龙在小学、初中期间,性格顽劣,经常和同学起冲突,老师找了好几回家长。有一次校长找小龙的父母谈话，建议他们对小龙严加管教，如果再违反校规，就只能让小龙转学了。小龙的爸爸很生气，回家后狠狠揍了小龙一顿。小龙从未见过爸爸发那么大的火，心里很害怕，自从那以后他收敛了不少，但是跟爸爸的关系也因此变得紧张、疏远。上高中后，小龙看到同学们个个都在努力考大学，小龙也想考大学，而且想去外地上大学，这样他就能离开家，远离父亲，不用再被家里管着了。于是他开始用功学习，后来考上了一所大专学校。上学期间，小龙应征入伍，并将这件事告诉了家里人，父母很支持他的决定。

小龙满心高兴，来到了离家千里的军营。他原以为远离父母自己会过得很舒服，但是仅仅过了二十多天，小龙就觉得事情并不是他想象的那样。部队的要求很多，纪律严明，管得比家里还更严格，连吃饭、睡觉、上厕所等都被严格限制，根本不像在学校时那么自由。而且，当他内务整理不合格被班长当着全班人的面批评时，当他练习队列动作总是出差错惹得大家哄笑时，当他体能测验三千米跑步不达标时，他都会感到沮丧、压抑和郁闷。他开始想家，想念在家里的种种好处。有时候晚上睡不着觉，就把头埋在被子里偷偷掉眼泪，甚至会想，不如干脆想个办法回家算了。

班长发现了小龙的情绪波动。他多次找小龙谈心，了解他的想法，想办法开导他，同时也提醒其他战友多关心和帮助小龙，鼓励小龙主动融入集体，增强对集体的归属感。小龙从班长和战友身上感受到了温暖和支持，他开始静下心来调整自己，努力提高自己各方面的能力。渐渐地，小龙的队列动作越来越标准，体能也在不断提升，三千米跑步的速度也明显提高了。小龙的自信心不断增强，他看到了希望，还和班长成了无话不谈的好朋友，班长成了他的偶像，他暗下决心，一定要成为和班长一样的人。

二、心理解析

（一）新兵想家背后的心理需求

1. 寻求安慰和习惯性依赖

新兵心理发展水平还不够成熟，处于由依赖走向独立的过渡阶段。入伍之前的新兵大多是学生，平时习惯了被家人照顾，经受的挫折较少，独立意识和生活自理能力都还处在发展之中，入伍之后，一旦遇到困难或挫折，便会习惯性地向家人寻求安慰，想要得到依靠。想家是新兵依赖心理的体现。

2. 渴望得到支持和保护

新兵刚入营时，对身边的一切还都比较陌生，当新鲜劲儿过去之后，种种不适应感就会逐渐显现出来。由于新兵对环境和周围的人还不熟悉，情感上的信任依赖关系还未形成，遇到困难和挫折的时候，就容易感到孤独和无助，加之新兵对现有的生活模式还处在摸索学习阶段，新的行为习惯还未完全建立起来，所以容易感到挫败和无所适从。当人处在困境中时，会本能地寻求安全和保护，想家自然而然地就成了强烈的感情需要。

3. 希望被他人认可和接纳

二十岁左右的新兵正处于自我意识和自尊心较强、心理较为脆弱、内心高度敏感的发展阶段，特别渴望得到他人认可、尊重和理解，一言不合就可能伤害到他们的自尊。但入伍初期的高强度训练往往考验新兵多方面的能力，这对毫无经验的新兵而言无疑是很大的挑战。因此，新兵必然会在训练过程中体验到各种不适，遇到各种困难，产生各种挫折体验。这些挫折性体验会让人产生负面情绪，感受到巨大的内心压力。负面情绪不能及时化解，会影响人的想法和看法，继而对所处的环境产生排斥。新兵会认为自己不受欢迎，不被认可，怀疑自己的能力，从而感到失望和灰心，会产生一走了之的念头。

（二）新兵想家的相关影响因素

1. 情绪传染

人们有这样的生活经验，当别人对自己笑的时候，自己也会愉快起来；当别人悲伤的时候，自己的情绪也会不由自主地低落下来，这就是情绪的传染性。新兵生活中常常也会有这样的现象——当班上的某一个人或几个人开始想家哭泣的时候，其他人也会跟着情绪低落或哭泣。在集体生活环境中，人的情绪会不由自主地受他人的暗示和影响，想家的情绪同样也会传染给周围的人。

2. 从众效应

社会心理学家观察发现，一个人在集体生活中会表现出追随别人的行为，这种现象被称为从众效应。追随他人的行为源自人内心深处渴望被接纳的强烈需要。为了被周围人接纳，人们也会下意识地模仿他人的言语、行为和态度等。新兵刚入营时，虽然还没有学习站军姿、走队列这些规范性动作，但是当他们看到老兵的站姿和动作时，也会不由自主地模仿，跟随老兵的样子做。而当周围大多数人都在想家时，那些不想家的新兵为了不让自己表现得和别人不一样，也会跟随周围的人，做出同样的表现。

3. 可能的人格因素影响

虽然有时候想家的情绪很强烈，但是也属于可以自控的范围，随着对新环境的逐渐熟悉和融入程度的不断提高，想家的情绪也会慢慢淡化。但如果有的人一直摆脱不了抑郁、低落的情绪状态，或者长时间受困于消极的情绪，就需要了解和分析他的人格特点，有些过于敏感、有抑郁特质的人，的确存在适应环境困难的情况，这种情况通常需要进行专业的心理咨询。

三、心理辅导——入伍适应期如何克服想家的情绪

想家是人之常情。一个年轻人离开家乡，离开父母，来到陌生的军营环境，在还没有完全熟悉和适应环境的时候，肯定会想念家乡和亲人，这是一种很正常的情感表现。不过，如果总是习惯沉浸在想家的低落情绪中不能自拔，影响自己融入新的环境，就需要想办法加以克服。

（一）增强适应军营新环境的主动意识

从心理规律上分析，一般人在心情不好的时候很容易想家、想念亲人，而当人心情愉快的时候，想家的情绪就会减少许多。新兵想家，一般是在感觉自己受到委屈、心情不佳的时候。而新兵入营初期，首先要过的一关就是适应环境。适应意味着改变，离开熟悉的环境和亲人，来到陌生的军营环境，对一名

新兵来说需要做出许多改变，如作息、饮食、言行举止的要求等。从心理感受上，改变原有的习惯，通常会给人带来不舒服、不愉快的内心体验，这种感受会让人对新环境提出的要求、规则、纪律等产生下意识的排斥反应。在内心的抗拒感较强的情况下，适应就变得很被动，同时也会增强人的痛苦感受。只有当个体愿意主动适应环境要求，自觉做出改变，适应过程才会变得顺利，痛苦的体验也会减少乃至消失。所以，新兵在入营初期，要自觉提醒自己，努力增强自己主动适应环境的意识和能力，让自己尽快适应军营环境，并建立起新的生活模式和朋友关系。新兵一旦习惯了新的生活方式，有了熟悉的朋友，想家的情绪反应就会逐渐淡化。

（二）克服惰性心理

每个人身上多多少少都会有一些惰性，不愿意改变原有的生活习惯，其实也是因为受到惰性心理的驱使。例如，爱睡懒觉、不愿意运动、不喜欢洗衣服等，类似这样的惰性行为也会给新兵适应军营环境带来阻碍。新兵在家时有父母宠爱，到了军营则必须依规行事，所以一旦感受到约束，就会觉得难受和委屈，想念家里的舒服和自由，总想着要是回到家里去该有多好，从而不能一心一意地融入新环境。放任这样的想法和情绪，实际上是意志力薄弱、心理不成熟的表现。只有认清自己心理上的弱点，勇于克服，并坚持不懈地努力改变自己，才能不断成长和进步。

（三）转移注意力

想念家人时，情绪会变得很低落，如果总是这样，就会影响到自己的生活、学习和训练等，这时就需要提醒自己加以克制。可以通过采用一些对自己有用的办法来缓解想家的情绪，如可以通过做一些自己感兴趣的事情来转移注意力，或者做一些具体的、能让自己注意力集中的事情，等等。这些都可以有效转移注意力，缓解想家的情绪，让自己不会被低落的情绪所困。

(四)保持与家人的联系

虽然远在军营,不能随时随地见到家人,但是不应因此疏于和家人沟通交流。可以定期与家人联系,运用各种可行的通信方式,如电话、微信、QQ、邮件或书信等,与家人互通信息,将自己的情况告知家人,并了解家人的状况,保持密切的亲情关系。逢年过节时,给家人送上问候和祝福,传递心中的牵挂和思念,这些方式都能增进新兵和家人的情感,也有助于帮助新兵获得心理上的安慰和支持,以更快适应军营环境,安心工作和生活。

四、小结

"每逢佳节倍思亲",对于远离家乡和亲人的新兵来说,想家是一个永恒的情结。思念亲人,是人之常情,完全遏制这样的情绪是不可取的。将想家的情绪转化为促进自己融入新环境,使自己更好地工作、学习和生活的积极心理力量,是应该提倡的。新兵需要学习在适当的表达和必要的克制之间建立一种平衡,通过各种可行的方式,保持和家人有效而健康的情感交流和互动,适当缓解自己的思乡之情,同时通过主动作为,尽快融入军营的集体生活,增进与他人之间的友谊并相互支持,形成新的社会支持系统,从而帮助自己在军营安下心来,踏实工作,愉快生活。

【问题表现三】与人发生矛盾怎么办

人际关系是人的社会支持系统的重要组成部分,良好的人际关系能够帮助人们更好地适应环境并生存下去。新兵在入伍初期,经常会遇到人际关系方面的问题和困扰。

一、案例呈现

小康是刚入伍的新兵，来到部队一个多月，开始慢慢了解和习惯军营的生活，不过有一个问题一直困扰着他，就是每次进行队列动作训练时，他都会发怵，他最担心的是自己动作出错时，战友们发出的哄笑声和他们与自己开的玩笑。

小康是一个自尊心很强的人。初中一年级时，一个同学笑话他穿的鞋子款式像女孩子的，他一生气就把人家打了，因此被老师狠狠批评了一顿。随着年龄的增长，小康的火暴脾气慢慢有所收敛，但自尊心强、好面子这个特点一直都伴随着他。入伍后，他想好好锻炼自己，在各方面都很努力，表现也很不错。但是小康有个毛病，在严肃的场合容易紧张，一紧张就出错。例如，齐步走时，本来走得好好的，一旦班长喊口令提醒大家注意跟上节奏，他心里一紧张，步子就变成顺拐了，经常让大家忍俊不禁。

动作出错改不过来，成了别人的笑料，这让小康很难为情。他心里也很愤怒，有时候甚至忍不住想动手打那些笑话他的人，但小康还是控制住了自己。不过他看那个笑话他最多的人总是很不顺眼。

班长察觉到了小康的情绪变化，主动找小康谈心，并为小康推荐了心理咨询师，请心理咨询师帮助小康缓解紧张的情绪。有了班长的关心和心理咨询师的专业帮助，小康逐渐学会了理解自己和身边的战友，也慢慢缓解了内心的紧张感。通过一段时间的努力训练，他的队列动作越来越标准，被班长表扬的次数越来越多，大家不再取笑他，他和战友之间的关系也越来越融洽。

二、心理解析

（一）人际矛盾的心理诱因

1. 自我意识强，心理敏感脆弱

刚入伍的新兵正处于自我意识比较强烈，同时处于心理发展还不稳定、不成熟的年龄阶段。这个年龄阶段的人上进心强，自尊心也很强，他们喜欢互相竞争和比较，常常表现得争强好胜，但又对别人的评价过于在意，心理敏感脆弱，内心非常希望得到他人的认可和肯定。而一旦听到否定性的评价，或者在大庭广众之下被人嘲笑，反应往往比较激烈，容易产生愤怒情绪和冲动行为。所以，这个年龄阶段是很容易发生人际关系矛盾冲突的特殊心理时期。

2. 情绪冲动，挫折耐受力较低

因为还处在心理发展的不稳定时期，所以新兵的情绪情感表现也很不稳定，通常波动较大。他们渴望了解他人了解自己，但认识问题习惯从自己出发，不能真正地理解他人，思维也容易走极端，理性思考和控制情绪的能力不足，对自己也常常缺乏自信。他们希望获得他人的尊重，感觉到自身的价值，但同时又对挫折和失败的承受能力较差。在人际交往中容易攻击、贬损别人，同时又忍受不了别人对自己的批评和指责。

3. 自信心不足，沟通能力较弱

新兵内心里是渴望被人接纳、渴望友情、愿意与人交往的，但是由于缺乏良好的沟通能力，人际交往的经验不足，在交往中往往会出现各种误解，造成交往中的障碍隔阂。还有一些人过于敏感，对人对己缺乏信任和自信，心态比较消极，对人际关系中的各种信息习惯进行消极解读。例如，被别人不经意中看了一眼，就怀疑对方是对自己不屑或有不好的看法；路上遇到战友没有向自己打招呼，就猜疑对方是不是对自己有意见，等等，这些因素同样也会给人际关系带来消极的影响。

（二）人际关系不良的人格因素分析

1. 成长中的经历和经验影响当前的人际认知

一个人在成长过程中的经历，以及与他人交往的经验，会影响他对他人、对己、对当前环境的认识。例如，有的新兵因为以前在与他人交往的过程中有过不愉快的经历，并由此产生了对他人的不信任感，这种不信任感就成为他后来与他人打交道时的潜在心理障碍，或者难以被人接近，或者难以亲近他人，甚至回避、排斥交往，等等。

2. 人格特点影响人际关系

有的人过于敏感，对人对己缺乏信任，这样的人格特点会影响人际关系质量，不利于良好人际关系的建立。敏感多疑的人格特点与个人成长经历有关，是在成长过程中逐渐形成并稳固下来的。对于新兵来说，塑造良好的个性特征，促进心理健康发展，是自我成长中的重要课题。

三、心理辅导——战友之间如何进行有效沟通

（一）充分认识自己

中国有句老话，叫"人贵有自知之明"。充分认识自己，能够对自己进行全面客观的观察和评价，这种能力需要不断培养并终生保持。认识自己是一项系统工程，包括很多方面，例如：不仅要了解自己的过去和现在，还要能预测自己未来发展的可能性；不仅要了解自己的长处和优势，还要能看到自己的弱点和不足；不仅要了解自己能做什么，还要清楚自己不能做什么；不仅要了解自己可以享受哪些权利，也要清楚自己应该承担和履行怎样的责任和义务；等等。

在人际交往过程中，善于全方位认知自己，克服以自我为中心的局限，把自己放到和其他人一样的角度去观察，学习换位思考，由认识自己拓展到理解他人，这样在人际交往过程中才有可能做到有分寸、有界限，能善待宽容他人，能够尊重彼此。一个人只有明白自己究竟是怎样的人、想成为怎样的人，确立前进的方向和目标，才能促进自己不断成长发展。

（二）充分认识他人

老子在《道德经》中有言："知人者智，自知者明。"了解他人的人是智者，但是真正能够做到了解他人、理解他人，并不容易。充分认识他人，在认识的基础上理解并尊重他人的独特性，学会与他人和平共处，这是每个新兵都需要自觉培养的一种心理能力。

新兵刚入军营，一切都需要从头学起，从点滴着手去观察和认识。身边的

战友来自不同的地方、不同的家庭，每个人的经历都很独特。例如，对同一件事情，每个人的看法都可能不同，在这些看法和观念里，隐含着每个人的思维习惯、情感态度、价值倾向等，需要仔细辨析。每个战友的喜好、兴趣、生活习惯、说话和做事的方式等都千差万别，这些同样需要了解和尊重。还有，自己的说话和行动方式，能不能被其他战友理解并接受，也需要仔细觉察和改善。

（三）学习沟通技巧

人际交往过程中的沟通技巧因人而异，重点需要把握好听、问、说这三个语言交流环节。

1. 善于听

在人际交往过程中，首要的是会听别人说。青年人在交往过程中容易出现的问题是喜欢表达自己，喜欢倾诉，希望别人能听懂自己。这种言语习惯和心理需求是青年人的共有特征。但需要注意的是，良好人际关系的建立，实际上是以倾听为基础的。能够静下心来认真听对方说话，听懂对方语言背后的情感诉求，及时传达自己对他人的理解、善意和尊重，这一点在交流中很重要。

2. 善于问

沟通是双方的信息交流和往来。在听对方说话的时候，是不是真的理解了对方表达的意思，有没有可能产生误解和差错，这些都需要尽可能澄清，所以在倾听的过程中，需要进一步地询问和确认，弄清楚对方的真实意思。"问"是以"听"为基础的，听的过程中伴随思考，会遇到疑惑，将疑惑提出来，获得及时的解答，以消除可能的差错和误解，让沟通中的信息尽可能被正确理解，双方沟通的效果达到最佳。

3. 善于说

"说"即表达，是交流的重要环节。在表达自己的观点时，要注意语言表达的方式是不是能被对方接受。如何去表达，需要认真琢磨。例如，肯定和赞美的话要真实可信，表达意见则应该中肯客观，批评建议的话则要婉转，就事论事，维护他人的自尊。

四、小结

矛盾和冲突是人与人之间差异的具体化体现。对年轻的新战友而言,发生冲突和矛盾不可怕,矛盾和冲突是了解自己和他人有什么不同的良好契机,也为自己提供了理解他人、调整自己交往方式、增进交往经验的重要机会。需要关注和反思的是那种沉溺在消极情绪中不能自拔、总是带着灰色眼镜看待环境和他人的不良心态和偏狭观念,这才是阻碍良好人际关系建立、破坏人与人之间友谊和情感的"绊脚石",搬开这块大石头,让阳光照进心灵,一切阴霾都会烟消云散。

【问题表现四】如何应对挫折

挫折是当人们遇到不顺利的事情或者与其预想结果不一致的期待性事件时,所体验到的一种情绪状态。现实生活中,随时都有可能发生各种各样不顺利、不如意的事情,带给新兵不同程度的挫折体验。例如,因为内务做不好、队列动作出错受到批评,考试失利,体能竞赛或者军事技术比武没有拿到预期的名次,等等。

每个人都可能遇到挫折,是否能够正确看待挫折,能不能承受挫折的打击,怎样减轻或避免遭遇挫折时的负面情绪影响,这些问题对于正在成长的年轻人来说至关重要。

一、案例呈现

小潘入伍前是一名在读大学生。入伍后小潘各方面表现都很突出,他多才多艺,不但文笔好,而且爱好音乐。小潘做事情也很认真,安排给他的事情,他都完成得很不错,大家对他的评价很高。入伍第二年,小潘参加了士兵考学,报考军校。小潘一心想考上自己心目中的学校,家人对他期望也很大。战友也都说小潘有上大学的底子,肯定能考上。然而考试成绩出来后,小潘考砸了,军校梦落空了,这对小潘的打击很大。没有考上军校,年底面临着退伍,虽然小潘可以回原来的大学学习生活,但他一想起入伍时在同学面前曾经说"我一定要考上军校,再也不会回去"的话,就觉得无地自容。自己怎么有脸回去见昔日的同学呢……小潘觉得前途一片灰暗,他的心情沮丧到了极点。

指导员了解到小潘的情况后,多次找小潘谈心。为了帮助小潘尽快从消沉中走出来,指导员联系了心理咨询师做小潘的心理工作。经过一段时间的共同努力,小潘对以往的经历进行了全面反思,对自己有了更深入的理解,对当下的工作和生活也有了全新的认识,他调整了自己的目标,重新对未来发展建立了信心。

二、心理解析

(一)挫折的心理分析

挫折是一种负面的情绪体验,它常常是在人们无法达到预期目标时发生的,是当人们在生活、学习、工作中遭遇失败或不顺利时引发的内心感觉。

1. 挫折损伤人的成就感和自我效能感

挫折事件通常会触及人的自尊,会给人带来失望、沮丧、后悔、怀疑、迷茫等一系列情绪体验,这些消极的情绪体验破坏人的成就感,降低自我效能感,使人对自我价值产生怀疑,自信心受到冲击。案例中的小潘在考试失利后,自我价值感降低,对自己产生了怀疑,对未来也感到迷茫无望,这是遭遇挫折后的典型心理反应。

2. 遭遇挫折时的身心反应

1) 认知反应

挫折的认知反应是指人对挫折的认识和评价。这种认识和评价往往会影响人的情绪状态。挫折很容易导致人的认知偏见，如遇到挫折后有的人后悔莫及，会因为失败而怀疑或否定自己的能力，觉得自己一无是处；有的人对人对事产生失望感和不信任感，认为什么事都不可靠，没有什么人值得信任等，这些都是在认识上走了极端，属于不合理的歪曲性认知。有的人则能冷静、理性地对待挫折和失败，并全面客观地分析情况、总结经验教训，发现挫折和失败中积极和有价值的一面，这是应对挫折和失败的良好的认知反应模式。

2）情绪体验

受挫之后，会让人产生各种负面的情绪体验，如失望沮丧、懊恼悔恨、抑郁愤懑、抗拒压抑等，长期沉浸在这些消极情绪中，会影响人的认识，降低人的自信，侵害人的意志力，削弱人的行动能力。

3）生理反应

挫折除了会引起各种负面情绪，同时还会引发一系列生理反应，出现躯体症状，如血压升高、心跳加快、易诱发心血管疾病；胃酸分泌减少，导致胃部疾病等。

（二）挫折的应对方式

在对挫折的应对方式上，常见的有消极应对方式和积极应对方式两种。

1. 消极应对方式

消极应对方式表现为破坏性质的攻击反应或回避反应。例如，在做事出错被人嘲笑或指责时，有的人为维护面子而反唇相讥，攻击对方的弱点（言语攻击），或者受愤怒情绪支配而大打出手攻击对方（行为攻击），这些攻击反应指向外部或他人；有的人则表现为自怨自艾、失去信心、过度自责、自卑压抑、情绪抑郁，这些攻击反应指向内部或自己；有的人遇到挫折和失败后会变得胆小、退缩，失去了继续迎接挑战和考验的勇气，这属于回避反应。

2. 积极应对方式

积极应对方式表现为不放弃努力，继续寻求更为恰当有效的解决办法。例如，面对问题或困难，主动承担责任，承认自己暂时的失利，相信自己有能力改进和提高，能将挫折后果控制在一定范围内，不会任由负面情绪蔓延，懂得在逆境中如何坚持，能够运用智慧和意志力应对问题或困难。

三、心理辅导——如何有效应对挫折

（一）适度发泄痛苦

遇到挫折让人痛苦沮丧，心情压抑，一味压抑自己是不可取的，以恰当的方式适度发泄情绪，有助于缓解内心痛苦。发泄的方式方法多种多样，如找朋友倾诉、唱歌、旅游、运动、写心情日记、做自己感兴趣的事情，等等。

（二）进行认知调整

1. 总结失败经验

冷静思考挫折经验给自己带来的有益之处，从失败中吸取教训，反思自己的不足，敢于面对失败，勇于承担责任，并不断改进不足，完善自己，明确继续前进的方向，保持积极的精神状态。

2. 换位思考

不沉溺于悔恨沮丧的情绪中，而是换角度思考挫折经历的价值和意义，找出事件中积极的一面来勉励自己。就好像地上的小草，不管怎样被践踏、弯折，哪怕只剩下一片叶子，它都会继续顽强生存，在风中摇曳。生存本身就是意义，只要活着就有希望。

3. 强化信念

信念是人的精神支柱，只要有坚定的信念，精神就不会溃散，要坚信自己的能力和优势，强化内心信念，巩固精神支柱，不妄自菲薄。例如，告诉自己是坚强的，相信自己总有一天会成功，告诉自己继续努力、顽强拼搏，不被痛苦和沮丧的情绪所击倒。

4. 自我激励

运用积极暗示法进行自我激励,提振信心和勇气。例如,相信自己一定会走出困境,相信明天一定会更好,相信时间会治愈一切创伤;不断告诉自己,困难会磨砺意志,挫折是锻炼自己的机会,世界上没有不可逾越的鸿沟;坚持鼓励自己,告诉自己"世上无难事,只要肯登攀";时刻提醒自己保持信心,坚韧、坦然地面对一切挫折,不懈追求、发奋图强、顽强拼搏。

四、小结

契诃夫说过这样一句话:困难与折磨对于人来说,是一把打向坯料的锤,打掉的应是脆弱的铁屑,锻成的将是锋利的钢刀。

挫折和失败是成长路上的试金石,是磨炼人的意志力、锻炼人的心理素质的良好契机。对于正在成长中的新兵而言,经历挫折不可怕,可怕的是对挫折缺乏正确和清醒的认识,以及在挫折面前放弃努力、丧失自信、一蹶不振。只要有勇气面对失败,不害怕失败,敢于知难而进,不断提高自己、完善自己,把挫折和失败转化成个人成长的强大动力,就能将挫折转化为促进个人成长进步的强大精神力量,让自己不断壮大成熟。

【问题表现五】如何实现自我价值

年轻人最关心的就是如何在职业生涯中发展自己,实现自我价值。对新兵来说,在军旅生涯中有所作为、体现个人价值,是他们努力追求的目标。

一、案例呈现

小刘是个爱思考的人,他心里有件令他烦恼的事,曾经找好友、班长聊过,但他总觉得烦恼没有真正化解,后来班长建议他找心理咨询师聊聊,看是否能够有所帮助。小刘经过考虑,在网上给心理咨询师留言,并选择了公开,他也想听听别的战友对此有什么看法:

"老师您好!最近一段时间我一直感到困惑和茫然。来部队快两年了,每天的生活都很规律,但也很单调,早操、吃饭、站岗执勤、训练、学习……除此之外,感觉自己好像没有什么其他的长进。入伍前,我想象着在部队应该像影视剧中演的那样,每天都有令人兴奋的事情去做,能够上战场去打仗,做出了不起的事情,真正实现自己的人生价值。可是现在我发现自己做的事情都很平常,感觉不到自己有什么特别的价值。日子一天天过去,我看不到自己的未来,不知道自己将来会怎么样。

"有时候我和自己入伍前的同学聊天,听到他们说自己的打算,兴致勃勃谈论他们正在做的事情,我觉得自己离他们、离社会越来越远了。一想到将来退伍离开部队后,自己能做什么、会做什么,就觉得很茫然,心里一点底也没有,感到很不安。我想看书学习,可是又不知道该看什么书,有时候拿起一本书,却也不太看得进去。有人笑话我,说看那些书没有实际的用处,工作经验比书本重要。可我觉得每天这样忙忙碌碌,好像也没有积累什么有用的经验。我不想一直这样下去,我也不甘心自己成为一个碌碌无为的人。但是我不知道该怎么发展自己,该怎样实现自己的价值。

"老师,您能给我一些建议吗?"

心理咨询师根据小刘的留言,从专业角度对小刘的情况进行了细致的分析,从内因和外因两方面解析了其心理困惑产生的原因。肯定了小刘拥有的不甘平庸、积极进取的可贵心理品质,同时也指出了他当前认识上存在的盲区和偏颇之处,引导小刘调整认知偏差,鼓励他立足当下、树立自信、明确具体目标,制订可行计划,坚持从平凡入手、从小事做起,不断努力,认真踏实地做好每一件事,日积月累,做出成绩。

有不少网友也给小刘留言,表达自己的看法并提出建议。小刘阅读了心理咨询师的回复和网友的留言后,受到很大触动和启发,他重新对自己的想法进行了深入的思考,廓清了认识,稳定了心绪,增强了自信,也明确了自己努力的方向和目标。

二、心理解析

（一）人为什么会感觉迷茫

迷茫的心理感受源自内心的不确定感。当一个人缺乏目标和方向，不满足于现状，但是又对当下和未来感到无从把握的时候，很容易迷茫和困惑。

1. 理想与现实的落差

案例中小刘的内心感受，一部分源自他对现实情况的失望之感。入伍之前，他对部队生活的理解局限于影视剧中的艺术表现，缺乏对真实军营生活的了解，他所想象的世界与实际生活是脱节的，影视剧中的艺术表现给他留下了强烈的情绪记忆，这种记忆与平凡生活的单调枯燥感受之间形成了巨大的心理落差，这种落差又进一步加剧了小刘对现实情况的失望之感，从而使他产生了失落情绪。

2. 自我价值感不足

小刘的迷茫，还源自他的自我价值感不足。在他的想象中，军人就应该像影视剧中那样，冒着敌人的炮火，勇敢向前，冲锋陷阵，成为一名战斗英雄。在小刘看来，只有这样才能体现出自己作为一名军人的价值。而现实生活中日复一日平凡单调的生活给不了他那样的感受，为此，他内心感到不满足，认为这样的生活太过平常，体现不出自己想要的价值。小刘的英雄情怀很可贵，但是他同时也需要学着接纳平凡的生活，培养自己立足现实、认真努力、创造价值的适应能力。

3. 缺乏明确目标

小刘的迷茫和困惑，还源自他对自己当前及未来的发展缺乏具体的规划和明确的目标。人在生活中需要为自己设定相应的目标，设定了目标，就是为自己确立了努力的方向，而实现目标的过程，就是一个人不断增强能力、积累经验、提高和完善自我的过程，也是实现自我价值的过程。如果对自己未来发展没有具体规划，奋斗目标不明确，内心缺乏强烈的愿望，行动上就可能缺乏足够的动力。动力不足，无论做什么都可能做不好，也可能坚持不下去。这样一来，又会进一步强化人对自己的否定性评价，从而形成错误认知和不良情绪的恶性循环，消磨人的意志力。

（二）迷茫感背后的积极心理因素

一个人对现实或未来感到迷茫和困惑，意味着他内心有积极向上的心理需求。小刘对现状不满足，不甘平凡，想要做出改变，这样的心态有积极的一面。如果能够找到合适的方向和目标、稳定心态，就会促进小刘发生改变，做出成绩。心理咨询师要能看到并善用积极心理因素，帮助小刘正确看待自己的心理困惑，通过对现状的认真梳理，逐步调整不合理的认知观念，促使小刘发生积极的转化。

三、心理辅导——如何实现自我价值

（一）客观认识现实环境

一个人实现自我价值需要充分考虑多方面的因素，其中，最重要的是要对客观现实有充分的了解，能够合理认识实际情况，并能根据客观环境要求，找到适合发挥自己才能、体现自我价值的道路。案例中的小刘，首先需要调整和改变自己的认知观念，从以前对部队生活不切实际的想象和认识中走出来，根据现实情况，结合本职工作需要和自身实际情况，认真思考、合理定位，安下心来做好各方面的事情，在踏实做事的过程中开拓创新，发挥自己的才能，实现自己的价值。

（二）进行恰当的自我定位

一个人能不能取得成绩、取得怎样的成绩，往往取决于他能不能做到恰当地进行自我定位。自我定位过高，与自己的实际能力脱节，就可能导致事与愿违，让自己承受不必要的挫折和失败；定位不恰当，还可能导致眼高手低，不屑于做普通的事情，不能安心做好工作，同样体现不出自己的能力和价值。

恰当的自我定位是基于现实情况，根据个人能力所做出的符合实际的判断和选择，表现为明白自己能做什么、会做什么，也清楚自己的弱点和不足；知道自己想要什么，能够竭尽全力去努力实现目标，同时具有灵活性和变通能力，能够接受现实，随时做出调整；头脑清醒，不会意气用事，在取得成绩时不骄不躁，遇到挫折时能够冷静应对。这些良好的心理素质，会帮助一个人突破自身和客观环境的局限，不断提高自身能力，实现自我价值。

（三）在工作中实现自我价值

工作是人生存的根本。胜任工作，努力做好本职工作，是每个成年人应当担负的社会责任。人的价值通常是在工作中体现出来的。案例中，小刘不喜欢每天重复单调的生活，找不到前行的方向，说明他并不清楚日常工作和实现自我价值之间有怎样的内在联系，还不懂得怎样找到工作中的乐趣和意义。

很多时候工作的内容未必是我们最感兴趣的事物，但对成年人来说，需要做的是能够理性思考并清楚认识工作对自己的意义，主动负起相应的责任，并尽可能在实际工作中发挥自己的能力，体现自我价值；而不是任由情感主宰自己的行为，怨天尤人，推脱自己应负的责任。能做到这些，就能以理性客观的态度看待自己所从事的职业，以成熟的观念和稳定的心态面对日常工作和生活。

（四）拓展知识提高能力

一成不变的生活的确会让人感到乏味和枯燥，而且在熟悉了工作内容之后，工作难度和挑战性都会不断降低，这时候容易产生惯性思维和惰性心理，阻碍人的进步和进一步发展。为了避免这种情况的发生，在工作之余，应不断学习，增长知识，拓宽视野，提高能力，让自己紧跟时代发展，不断适应环境的变化和要求。

（五）培养持之以恒的毅力

凡事贵在坚持。无论做什么事情，都应该有意识培养自己持之以恒做事情的毅力，锻炼自己的自我控制能力。一旦确定了方向，有了明确的目标，就能采取积极行动，并且坚持不懈地努力。在努力的过程中，会遇到各种困难，在这种情况下，应能够迅速做出调整，不因受挫而懈怠甚至放弃努力。玉汝于成，铁杵成针。通过长期坚持努力，相信终有所成，个人的价值也会得以实现。

四、小结

有一句话说："心有多大，舞台就有多大。"一个人的心胸境界及努力追求目标的毅力，决定着他未来能取得的成就的大小。对于刚刚步入工作环境的年轻人来说，会遇到许多意料不到的情况，包括各种各样的困难和阻碍，怎样看待自己周围的人、事和环境，怎样找到适合自己发展的道路、确立自己前进的方向，常常需要经历一个艰难的认识过程。心有迷茫是年轻人体验现实生活时最常有的感受。只要能够做到正确认识自己和他人，能够清楚分析自己的心态和现实环境，善于思考，保持信心，坚持积极乐观地看待现实生活，保持努力追求、不懈奋斗的积极动力，迷茫就不会停留太久。人生的价值和意义就蕴含在一步一个台阶的踏实努力当中。

【问题表现六】如何应对心理困扰

年轻人在步入军营后，难免会遭遇各种心理困扰。该如何应对这些内心冲突和困扰，怎样让自己保持良好的心态，需要了解相关知识，掌握必要的技巧。

一、案例呈现

小陈入伍一年多了，这一年多来，小陈觉得自己经历了许多，也懂得了许多。刚入伍时的不习惯，下连后的不适应，工作中的烦恼等，自己都有切身体会。现在，新的烦恼又来了。战友们都在谈论要不要留队的问题，有人主张留下来，有人想离开部队回去继续上学。小陈不想离开部队，入伍是他自己的选择，他曾向朋友表示，不在部队干出成绩是不会回去的。但是班长告诉他每年留队的名额都比较少，竞争很激烈，必须各方面都非常优秀才有留下来的可能。小陈衡量了一下自己的情况，觉得有点灰心。他想起一位老班长在他刚入伍的时候告诉他："铁打的营盘流水的兵，来部队就要随时准备好退伍。"话是这么说，但是小陈的心情并不轻松。虽然平时他偶尔也会发发牢骚，说自己快两年没见到家人了，想回家，但真正想到离队这件事，他还是感到很难受。他觉得自己入伍一年多，一事无成，就这么回去，脸上无光，而且想到一旦离队，回家后不知道自己该干什么，未来会怎么样，心中更是没有着落，人也变得没精打采了。

班长明白小陈的心思后，找小陈聊天，鼓励小陈振作起来，告诉他只要在部队一天，就是为国家做贡献，所做的事都是有意义、有价值的，离开部队并不意味着一无是处，而是军人服从安排、一切行动听指挥的高素质表现。更何况还有近一年的时间，没到最后关头，不应该轻易放弃努力，只要努力追求进步就有希望。小陈觉得班长说得有道理，他重新振作精神，积极投入到各项工作当中。

二、心理解析

（一）心理困扰的具体表现

心理困扰可以发生在生活中的任何时刻，困扰就是烦恼，是人在遇到问题时产生的心理冲突和矛盾情感。困扰通常通过人的认知、情绪和行为表现出来。

1. 认知观念不合理

认知观念决定并影响人对事物的看法和态度。当个人的主观认识与所面临的客观现实不一致时，就会使人产生心理冲突。心理冲突会使人产生情绪困扰，而情绪又会反过来影响人对事物的认知。

困扰的产生常常与人对事件的不合理信念有关系。在案例中,小陈对将来可能离开部队产生了担忧,他不想离开部队,但又觉得自己的竞争力不够强,因而灰心丧气,对自己的评价降低,认为自己加入部队的时间短,没有取得预期的成绩,离开部队回家没脸见人,不能正确看待自己,似乎一切都"糟糕至极"。这些不合理信念让小陈陷入了矛盾冲突,产生了消极情绪。

2. 情绪消极

受不合理信念的影响,小陈变得沮丧、低落、紧张不安、焦虑、抑郁、忧心忡忡,并因此导致不良心境,让他对现实产生无望感,对前途产生迷茫感,不知道未来该何去何从。这些造成小陈的心理动力不足,削弱了他对工作和生活的热情和积极性。

3. 意志力和行动力薄弱

心理困扰还表现为意志力水平下降,行动力不足。例如,不思进取,得过且过,放弃努力,放任自己的消沉情绪和懒惰习惯,等等。案例中,小陈也有类似的表现。

(二)心理困扰引发的情绪体验

1. 焦虑

焦虑表现为紧张、害怕、担忧、焦躁不安等混合交织的情绪体验,当人面临危险或预料到某种不良后果时,便会产生这种焦虑感。被焦虑困扰的人,内心会感到莫名的紧张、心烦意乱、注意力难以集中、记忆力减退、思维变得迟钝,也常常会伴随睡眠质量下降、食欲变化,以及心慌气短、血压上升、出汗、胸闷、呼吸急促等各种不适反应。

2. 烦恼

烦恼有时候会长时间持续,成为一种损耗性的心境,降低人的工作、学习和生活质量。例如,感到竞争压力大,不知道该怎么做才能达成目标、实现理想;自己静不下心来安心工作、学习等。内心各种矛盾纵横交织,不得其解,忧烦难消。

3. 沮丧

沮丧是一种痛苦、难堪、无助、失落等复杂的情绪体验，表现出来的常常是精神萎靡、行为退缩、回避外界的人和事、不愿参加活动、不愿与人交往、行动能力和愿望降低等。

4. 抑郁

抑郁一般表现为情绪消极、心境低落、兴趣丧失、行动迟缓、注意力难以集中，经常感到悲观无望、不安、自责、无力，常伴有失眠、暴食或厌食等，严重者会有自残、自杀的想法和行为。

5. 自卑

自卑的人通常自我评价过低，表现为过度轻视自己、对自己不满意、缺乏自信；有些自卑的人表现为不愿与人交往、行为退缩。

除以上情绪状态外，心理困扰引发的情绪体验还有嫉妒、冷漠、愤怒等。我们要重视这些不良情绪体验对人的消极影响和损害，及早察觉，及时进行有效的排遣和化解，避免这些不良情绪长期淤积，损害人的心理健康。

三、心理辅导——如何应对心理困扰

（一）学会理性思考，接纳自我

许多心理困扰都源自人不合理的认知观念。不合理的认知观念表现在人们工作、学习和生活的方方面面，如以偏概全、非黑即白、看问题容易走极端等。不合理的认知观念会让人们在遇到问题时钻牛角尖，失去理性和客观性，并因此触发各种不良情绪，加剧内心冲突和矛盾。对此，一方面要加强自我觉察和认知训练，不断完善认识能力；另一方面要增强控制情绪的能力，让自己在遇到问题时能够保持理性思考；此外也要注意开阔视野，提高思维的灵活性和变通性，让自己能够接纳现实和自身的不完美，能够对自己和他人做出客观、公正的评价。

（二）建立合理的期望

人们对自己关注的事物往往有着不同程度的心理期待，人们在成长过程中要学习建立对人对事的合理期望。社会生活和工作当中的竞争现象比比皆是，在竞争的压力下，人们更需要建立恰当的奋斗目标和抱负，以免追求目标脱离实际，导致人们遭遇不必要的挫折和失败。而一旦遭遇挫折，或者在事情进展不顺利的时候，也要懂得及时调整自己，不为暂时的失利和各种负面情绪所困扰，努力寻找适合自己的发展方向，坚持奋斗，实现抱负。

（三）疏通沟通渠道，合理宣泄不良情绪

新兵入伍后，远离家乡和亲朋好友，新的人际关系正在建立巩固当中，一旦遇到心理困扰，需要有倾诉和宣泄的对象，需要各种社会支持力量的及时参与。这时候，如果沟通渠道畅通，他们就能及时获得必要的心理支持，缓解内心压力，减轻困扰，安抚情绪，振作精神。如果沟通渠道不畅，这些负面情绪和不合理的认知观念就可能被压抑，得不到释放，日积月累，就可能产生消极的损害作用，从而影响工作、学习和生活。案例中，班长为小陈提供了有力的心理支持，帮助小陈解除了迷惑，及时走出了困扰，恢复了正常的生活和工作状态，这证明良好的沟通对消除人的心理困扰具有积极作用。

（四）建立健康积极的生活方式

积极健康的生活方式有助于人们增强对自己及对生活的掌控感，能够帮助人们保持良好的身心状态，提高工作学习效率和生活质量。例如，作息规律，坚持运动，经常参加自己感兴趣的活动，能满足自己的爱好，有信任的朋友，等等。这些都是人们在遇到烦恼时，化解压力、转移注意力、宣泄负面情绪的有益途径。健康积极的生活方式也能够帮助人们保持信心，使人们有能力及时从不良情绪中解脱出来，恢复生活常态。

四、小结

客观而言，人的能力有限，而且人无完人，每个人都有缺点和弱点，在知、情、意、行、个性等方面都存在局限性。因此，每个人在工作、学习和生活中都难免会遇到各种各样的问题和困难，遭遇挫折和失意，也会经常感到各种烦恼和不愉快。出现心理困扰并不可怕，从另外一层意义上来说，心理冲突和矛盾也给人提供了深入思考的机会，如果能够正确处理，反倒有利于促进人心理的成长、成熟。因此，遇到困扰时，只要能够及时觉察，客观看待，运用科学方法进行自我调节，充分发挥理性思维的作用，科学管理自己的情绪，就能让自己尽快摆脱困扰，健康生活。

第二章
工作中常见的心理问题

【问题表现一】工作中的完美主义

完美主义是一种人格特质，具有完美主义特质的人在做事的时候常常表现为严谨认真、一丝不苟的特点，在工作中则表现为对各方面的标准都很高，要求很严格。需要指出的是，追求完美对于工作、学习和生活都具有积极的作用与意义，具有完美主义倾向的人往往能够取得较为突出的成绩。但是凡事都需要适度而为，如果追求完美超过了应有的限度，甚至让人在认知和行为等方面陷入极端，就有可能成为一种心理障碍，不但影响工作和生活，也会给人的身心健康带来损害。

一、案例呈现

小赵是一名机关参谋，工作了四年。小赵做事情认真仔细，很少出现差错，领导和同事对他的工作都很认可。但是最近一段时间小赵陷入了"麻烦"：自去年年底开始，他就一直感到紧张不安，晚上也睡不好觉，经常会从噩梦中惊醒，吃饭也没了胃口。同事看他精神状态不佳，劝他去医院检查一下身体，看看是不是生了什么病。小赵去医院做检查，医生也没检查出有什么明显的问题。听了小赵的描述，便建议他去找心理医生或者心理咨询师看看。

小赵找到单位的心理咨询师进行咨询。在咨询过程中，小赵告诉咨询师，这种情况最早出现是在一年之前。当时正赶上年底进行各项工作检查，单位正在准备迎接上级领导的检查，小赵负责迎接检查的具体工作。单位领导对这次检查很重视，再三强调迎接检查的工作一定不能出现任何差错。小赵不敢大意，非常认真地去做各种准备工作。检查前的那几天，小赵几乎每天都在加班加点工作，准备各种材料，详细检查每个环节。小赵觉得自己做得已经很细致了，但是当上级领导来检查时，还是出现了令小赵意想不到的问题。

尽管问题并不大，同事们也都说那是一个很容易被忽略的问题，单位领导也没有因此批评小赵，但是小赵觉得自己有责任，他感到很懊悔，责备自己想得不够周到。那次检查以后，小赵病了一场，病好以后，他就开始失眠，人变得很容易紧张，在工作中总担心出现差错，无论做什么都觉得不放心，要反复检查好几遍。就连每天下班锁门，他都要检查确认几次才安心。这样一来就拖延了时间，工作效率也降低了。有时候为了不耽误工作进度，小赵只好加班加点。慢慢地，他觉得自己越来越疲惫，经常感到头昏脑涨，精力不济，头发掉得厉害，心情也变得很低落。

经过几次心理咨询之后，在咨询师的帮助和小赵自己的努力之下，他的心理问题慢慢得到了缓解，精神状态变好了，人也自信了很多，工作又像从前一样充满热情和动力。回顾这段经历，小赵说自己重新认识了生活，比以前更乐观、更懂得怎样去看待工作和生活中的各种经历了。

二、心理解析

（一）追求完美者的心理因素分析

工作生活中有追求完美表现的人，可能存在的心理因素有以下几个。

1. 人格特质

具有强迫性人格特质的人，大多表现出追求完美、执着较真的特点。如果做事认真、追求完美的特点保持在适度范围内，并未给自己或他人的工作和生活造成困扰，不影响正常的社会功能，那么这种情况就不能视为是有问题的或是病态的；而且这样的人格特质是有利于人的工作、学习和生活的。但如果这样的人格特质已经让自己或他人感受到了困扰，影响了正常的社会功能，则需要引起重视，并及时进行调整，严重时还要接受专业的心理治疗。

案例中，小赵的情况比较严重时，表现出了反复检查的强迫性特点，还伴有焦虑、抑郁、脱发、失眠等症状，这时就需要去正规医院进行检查和鉴别诊断，同时也应该接受专业的心理治疗或进行专业的心理咨询服务，以尽快缓解不适症状，恢复健康。

2. 过度自责

过度自责具体表现为过度担心自己在工作或学习中遭遇失败或令别人失望，不能容忍自己的失误，一旦出现失误，就认为自己永远都做不好，不肯原谅自己的过失。案例中的小赵便表现出了这种过度自责的倾向。工作中的一次疏忽，导致其对自己产生怀疑，自信心受损，自我评价走向消极的极端，甚至出现了通过反复检查以确保自己正确无误的强迫性行为。

3. 认知误区

完美主义者最常见的认知误区是认为自己"必须努力做到完美"，这样的信念常常会在无意识当中表现出来，左右他们的观念和行为。例如，"如果我达不到我的目标或我个人的标准，我就不能原谅自己""我必须保证万无一失，绝对不能出现一点差错，这样才会让自己满意并得到大家的肯定""要想证明自己的价值，我就必须在所有事情上都取得成功"。而一旦这些信念在现实中遭遇挫折，就会让他们陷入另外一种认识误区，如认为自己一无是处，认为事情糟糕至极，认为自己成了别人的笑柄等，从而夸大事情的消极结果，沉溺在消极沮丧的情绪当中不能自拔，对未来丧失信心而一蹶不振。案例中的小赵不能原谅自己的失误，正是因为他内心深处有这样的潜在信念："我只有做到万无一失，不出差错，才能证明自己的价值，才能得到领导和同事的肯定。"上级领导来检查工作时，发现了小赵的疏忽，小赵受到了很大打击，对自己产生了不满和失望，感到懊悔和自责，他的情绪一度郁郁寡欢。

4. 自我伤害的态度和恐惧心理

自我伤害的态度和恐惧心理常常通过一些下意识的想法表现出来。例如，"如果我做得不够好，别人就不会接纳我、承认我""如果出现了失误，我就会失去我想要的一切""别人看不起我，对我来说是最可怕的事情""我最不能容忍别人看不起我"，等等。这些想法对自我而言是一种伤害，反映了人内心深处的担忧和恐惧。生活中，往往是那些自尊心过强又容易自卑的人，容易表现出这样自我伤害的态度，其根源往往来自潜意识中压抑的恐惧情绪。

案例中的小赵来自农村，小时候家境不是很好，在他幼年时父母常年外出打工，小赵和爷爷奶奶一起生活。上学期间小赵不爱说话，他觉得自己在许多方面都不如同学因而常常感到自卑，有时还会被别的同学嘲笑和欺负，这些事情都给小赵留下了深刻的印象。那时他就暗下决心，长大后一定要成为一个受人尊敬的人。小赵学习很好，只有学习能让他找到尊严感。他刻苦学习考上了军校，毕业后努力工作，对自己要求很严格，每件事都认真去做。小赵告诉心理咨询师，自己的自尊心很强，不想被人看低，想通过努力工作取得成绩来证明自己的价值。但是迎接检查出错那件事让他深受打击，他觉得自己以前所有的努力都白费了，别人对他的看法肯定是一落千丈，为此感到懊悔不已。

（二）完美主义者常见的心理问题表现

1. 容易感到焦虑不安

完美主义者在现实的工作和生活中很容易感受到焦虑、紧张、内心不安等负面情绪。他们对自我的要求苛刻，做事的标准很高，甚至达到了"自虐"的程度。他们总是觉得事情做得不够好，对自己或对所做的事情不满意，无法相信别人会达到自己的要求，很难真正放心把事情交给别人，等等。而且完美主义者对待事情过于严格的标准和要求，也会使得周围与之共事的人感受到很紧张的情绪和很大的压力感。

2. 容易陷入抑郁情绪

具有完美主义人格特质的人，很容易在现实的工作、学习和生活中感受到比一般人更大的压力，遭遇挫折时其感受到的负面情绪会比较多，对其身心健康的消极影响往往也比较大。例如，出现失误时，完美主义者会过度责备自己，不原谅自己，被人批评时会感到焦虑和抑郁，过度担心自己在工作、学习中遭受失败或者担心令别人失望，习惯以"非此即彼"的思考方式看待问题，观念易于极端化。事情一旦不成功，就认为自己永远都做不好，由此心态消极，郁郁寡欢，陷入抑郁心境，出现拖延和工作效率降低的情况。

3. 容易出现强迫心理

完美主义者大都有着认真严谨、一丝不苟的人格特质，他们渴望成功，害怕失败，这种害怕失败的心理会促使完美主义者在做事情时格外谨小慎微。例如，有的人通过反复检查来确保自己锁好了门；有的人通过反复洗涤来确保身上没有可怕的细菌；有的人不能容忍自己衣服上出现一根线头；有的人会执着于一些自动化的思想，如"我只有成功才能得到大家的认可和喜爱""我必须被别人认可才有价值""如果没有做好这件事，那真是个灾难"，等等。这些行为和思想常常不受控制地出现，成为一种自动化的、强迫性的心理特征，对自我造成一种隐形的心理伤害，严重的甚至会发展为强迫性神经症。

三、心理辅导——怎样改善过度追求完美导致的心理问题

从积极的方面看，追求完美能够帮助人认真工作和努力学习，提高工作质量和效率，帮助人获得更高品质的生活。但是，过度追求完美则可能让人走向另一个极端，不但无益于工作、学习和生活，还会给正常的工作、学习和生活带来消极的影响。因此，针对完美主义者的各种心理和行为表现，需要进行认真仔细的甄别，以区分正常和异常的情况，对于已经表现出的心理问题或疾病，应采取恰当措施加以应对。

（一）找出不合理观念，建立健康的个人价值观

美国斯坦福大学教授大卫·D. 伯恩斯（David D. Burns）认为，在人们的观念中，常常存在一些"无声的假设"，这些"无声的假设"很可能是不现实的和不合理的，这些不现实的和不合理的观念会给人的自信心、人际关系及工

作设置重重阻碍，造成不必要的自我伤害。只要识别出这些不合理的观念法，并能够逐一攻破，就能改善人的情绪，形成健康的价值观念。

案例中，小赵因为一年前迎接检查失误事件，一直纠结于"这下完了，在这么重要的检查中竟然出现了失误，肯定给领导留下了不好的印象，以后的立功、受奖、提职等肯定会受影响……"这样的观念当中，因此产生了严重的自我怀疑、沮丧情绪和恐惧心理。这样的观念就是一种"无声的假设"，这种假设放大了失误的后果，诱发了小赵潜在的心理恐惧，让小赵陷入"一切都无可挽回"的极端思想当中，但是事实显然没有小赵想象得那样严重。小赵在心理咨询师的帮助下，察觉了自己观念当中的不合理之处，明白自己把事情想象得过于绝对化了，他对迎接检查失误事件也进行了较为客观、合理的分析，意识到自己过于夸大了失误的后果和自己的责任，反倒让自己在认识上陷入了极端，心理上丧失了自信和工作的动力。在辨析不合理观念的过程中，原先偏于一隅的想法会改变，健康、积极的价值观念会逐渐代替原先消极负面的想法。一旦建立起健康积极的价值观念，人的情绪和心态也会随之改变。

（二）进行想象训练，消除恐惧心理

案例中，小赵担心"失误"会给自己未来的发展带来不好的影响。针对这种担心，咨询师让小赵尝试进行恐惧想象，通过对自己提问，如"最坏的结果会是什么？假如最坏的结果到来，会怎么样？"来帮助小赵充分想象那些令自己感到可怕的结果，然后体验自己内心的感受和变化。这种恐惧想象训练能够帮助小赵勇敢面对内心的担忧，在很大程度上减轻恐惧的感觉。通过进行这种想象练习，小赵意识到，那些心底的担忧原来并不像之前想象得那样难以忍受，而且即便真的发生了最坏的结果，事情也没有想象得那样可怕，他自己也不会因此一无是处，他仍然可以通过自己的努力争取其他机会，来证明自己的价值。随着这些积极健康的价值观念的逐步建立，原先困扰小赵的紧张和焦虑感减轻了，害怕担忧的情绪得到了缓解，他感到了彻底的放松，心情豁然开朗，自信心得到了恢复，对工作和生活的热情也重新被激发出来。

（三）建立合适的标准，接纳人都可能犯错的事实

完美主义者一般在对人对事上有着较其他人更为严苛的标准，案例中小赵也存在这样的情况。他对自己要求很高，如做事情经常会反复检查核对；小赵对别人也有同样倾向，这表现在他很难放心让别人做事，这种倾向有时候也会影响他和同事之间的关系。为了避免出错和引起矛盾，小赵通常选择自己去做，但这样一来就降低了工作效率，同事也会误解他不易合作。针对这种情况，心理咨询师根据认知行为疗法原理，建议小赵通过"三个尝试"来调整和改善自己。一是尝试通过设置明确的界限来进行逐步改善，如设定自己检查核对的次数，并逐次递减。如果原来需要检查六七遍才安心，那么可以要求自己检查五遍就停下来，这样坚持一段时间后，再将检查的次数逐渐降低，最后将检查次数固定在三遍或者两遍。并明确告诉小赵，只要坚持练习，就能取得功效。二是尝试在某些事情上适度降低标准，如在要求他人做事或与他人合作做事的时候，将工作进行分类，根据轻重缓急适当调整完成的标准，把自己放心的事情交给他人，并在安排时留出改错的时间。三是尝试以客观积极的心态看待错误，培养正确的错误观，如承认自己和他人都有不完美的地方，在对待自己和他人的失误方面，可以允许自己出现错误，也允许别人有失误，能够以平常心对待失误，不随意将出错的结果夸大化、极端化。如果工作中出现了失误，能做到有勇气面对，并积极查找原因，及时改正错误，从错误中总结经验，不断促进自我完善，而不是陷入过度自责和沮丧的情绪中一蹶不振。

四、小结

俗话说："金无足赤，人无完人。"人生总会存在缺憾，每个人都是不完美的。正视和接纳自己的不完美，坦然面对，并在一步步的努力中逐渐提高自己、完善自己，这是应有的人生态度。完美主义者通常不能正视自己并不完美的事实，他们害怕出错，不允许自己出现半点差错，为此终日焦虑不安，造成身心耗竭。大量心理学研究也已经证实，完美主义心态容易导致抑郁和焦虑，降低生活质量，并且完美主义也成了抑郁自杀的一个重要诱因。

要改善完美主义者的极端观念，需要培养他们对错误的正确态度，重视错误的价值和积极意义，勇于承担错误，从错误中不断改进并提高自己的能力和水平；要建立客观合理的价值观，懂得过犹不及的道理，凡事应适度而为；需要经常反思自己，觉察认知误区和不良的情绪状态，及时做出适当改变或调整。

总之，要让追求完美这一人性需求在正确的轨道上良性发展，成为每个人创造美好生活的积极动力，而非让人陷入观念上的极端化和绝对化，使其成为个人工作、生活的障碍和阻力。

【问题表现二】工作中的倦怠心理

一个人长期从事某种职业，或者日复一日重复机械的工作，渐渐就会产生一种疲惫、困乏，甚至厌倦的心理，在工作中难以提起兴致，打不起精神，常常依靠惯性来工作。这种现象被称为"职业倦怠"。"职业倦怠"也被称为"职业枯竭症"，是备受职场关注的一种心理现象。

一、案例呈现

小胡原本是一个风风火火的人，刚工作那几年，她精神头很高，很有激情，也很有想法，做事情干脆利落，效率很高，表现很出色。后来调到机关工作，到现在已经工作十几年了。最近一年，周围的同事发现小胡有些"蔫"，做事情好像也没有以前那种热情高涨的劲头了。有人问小胡怎么了，小胡说就是觉得有点累，晚上睡不好，可能是休息得不好。其实小胡自己心里清楚，从去年开始，她发现自己的状态越来越差，总觉得没精打采，干什么都提不起劲来，无论做什么好像都没有太大的兴趣。晚上睡觉也不踏实，常常会失眠，还健忘。尤其是工作上的事情，一想到就觉得心烦，懒得动弹，工作效率就更不用说了。尽管自己明白手头的事情很多，得赶紧做，可是自己的头脑和手脚就好像被什么东西捆着一样，就是不想动，能拖延就拖延，爱忘事的现象也越来越严重。

她怀疑自己是不是生病了，就去医院做检查，也没发现什么问题。小胡把自己的感受告诉了医生，医生建议她去找心理咨询师寻求帮助。

心理咨询师告诉小胡，她目前的感受很可能是一种职业倦怠的表现，需要尽快调整和改变。小胡在咨询中诉说了自己的详细情况，找到了倦怠心理产生的原因，她根据心理咨询师的建议，积极主动地进行调整。其间，出于工作需要，小胡被上级部门调动到新的工作岗位，她的心态和工作状态有了较大改善。

二、心理解析

（一）职业倦怠的一般表现

1. 工作满意度低

工作满意度低表现为没有活力，对工作丧失热情和兴趣，敷衍了事；对工作的意义和价值评价下降，倾向于消极评价自己，感到无力，工作能力和成就感下降；认为工作枯燥乏味，不能发挥自己的才能；个人发展停滞，行为怪癖，常常迟到或早退，甚至开始打算跳槽或转行等。

2. 人际关系疏离

人际关系疏离表现为对同事和工作对象态度疏远、冷漠，情绪烦躁、易怒，对前途感到无望，厌倦同事之间的竞争和矛盾，不愿与人交往，封闭和孤立自己，对周围的人和事物漠不关心，常常感到极度疲劳，严重影响工作效率。

3. 压力感增大

压力感增大表现为经常感到压抑和不愉快，可能出现各种身心症状，如身体上容易感觉疲劳，食欲下降，睡眠质量变差，容易生病；心理上感到挫折、愤怒、紧张、焦虑、神经质、恐惧等。

（二）职业倦怠产生的原因

1. 职业性质

有研究认为，教师、医护工作者等从业人员是职业倦怠的高发群体。这类工作属于助人的职业，当助人者将自己的内部资源耗尽而无补充时，就可能引发职业倦怠。

2. 管理弊端

管理措施不完善、奖惩机制不合理、管理方法不当，或者存在用人不公、恶性竞争等因素，会导致人员心理失衡、内心压力增大、工作热情受抑制、工作动力下降，从而产生消极心理，引发职业倦怠。

3. 工作内容和工作环境失衡

工作内容单一，枯燥乏味，缺乏挑战性；工作负担过轻或者过重，个人能力得不到充分发挥或者长期超负荷工作；工作上不能自主，经常被动而为，疲于应付；感到薪资待遇不公，同事关系疏离，或者与上级的观念冲突；职业发展受限，看不到希望；等等。这些因素也会导致职业倦怠的发生。

4. 个性因素

那些自我评价低，凡事追求完美，A 型性格、外控性格的人，也容易受到职业倦怠的影响。A 型性格的人也被称为"工作狂"，他们容易紧张、情绪急躁、进取心强，在外界看来好像冲劲十足，实际上身心状况超支付出，容易导致职业倦怠。

案例中的小胡在咨询中承认，自己一直都是一个很较真的人，无论做什么事情都想做到最好，为此她经常加班加点工作。工作最忙碌的那几年，她感觉自己每天都有做不完的事情，经常忙得连孩子和家里的事情都顾不上。这几年随着年纪的增长，在职业发展方面几乎已经走到了尽头，继续上升的可能性很小，心里觉得很失落，感觉没有了奔头，做事情的劲头就没有原先那么足了，对现在的工作也慢慢失去了兴趣。不过她内心并不愿意就此一蹶不振，她希望能够改变自己的现状。

三、心理辅导——如何应对职业倦怠

引起职业倦怠的原因是多方面的，要应对职业倦怠，需要从组织机构和个人两个方面做工作。

（一）完善管理措施

从客观方面而言，通过改善工作条件、完善管理措施等，可以有效减少职业倦怠的发生。如对工作进行调整，将负担过重的工作适当减轻，由多人分担；将过于枯燥的工作尽可能丰富化，增加工作内容，赋予人员更多责任，增加工作的意义和趣味性；改善工作环境条件，营造舒适温馨的工作氛围；完善激励机制，建立公平合理的评价机制；改进管理方法，形成互信互助、合作共赢的工作关系和人际氛围，增加情感凝聚力；根据每个人的特长、兴趣、能力、偏好等安排相应的工作，使人与岗位相匹配，让适合的人做适合的工作。也可以通过提供军人所需的各类服务项目，如健身运动、休闲娱乐、心理服务、未来职业发展和规划等，帮助军人缓解心理压力，维护其身心健康。

（二）提高自我应对能力

除了客观因素，引发职业倦怠的主观因素尤为关键。对军人来说，提高自身应对压力和职业倦怠的心理能力和素质很重要。

1. 保持积极的心态

积极的心态是抵抗和消除职业倦怠的有力武器。要保持积极的心态，就需要从认知纠偏、情绪自控、强化意志力及塑造良好的个性品质等方面进行努力。如改变自己对自我和工作的消极评价，肯定自己的价值，保持对人对己的信心，提高自我控制情绪的能力，能有效摆脱负面情绪的困扰，提高自己承受挫折的能力和发扬坚持不懈的精神，充分挖掘自己的潜能，创造工作价值，等等。

2. 发现工作的意义和培养对工作的兴趣

工作中如果一味被动应付，倦怠的情绪自然会滋长蔓延，损耗人的心力。如果能在重复、枯燥的工作中发现"创新"的可能性，就可能重新激发人的工作热情和斗志。做自己喜欢做的事情，往往更能让人专注于工作，保持活力。军人的工作生活一般较为规律，规矩和约束比较多，只要能认真仔细地观察，尽可能找到能够发挥个人能力所长的某些"点"，通过创造性地开展工作，做出成绩，体现自己的价值，就能从中感受到乐趣和意义。如观察寻找工作中存在的弊端进行改进，想办法解决那些别人认为比较困难的问题，思考新点子，等等。通过寻找工作中有意义的方面，培养对工作的兴趣，增加主动工作的积极性，倦怠情绪也会随之消除。

3. 有效管理时间

有的时候如果觉得时间总是不够用，工作总是做不完，那么就需要考虑自己的时间安排是不是存在问题。在工作中，有效的时间管理能够大大提高工作效率，减少时间的浪费和低效损耗，而如果时间安排不合理，就可能导致事倍功半，让人陷入疲于应付的境地。有效的时间管理是指按照事情的轻重缓急来合理分配时间，在工作时间全神贯注，充分保证工作效率和质量。同时，有效的时间管理也包括能合理安排工作和休息运动的时间，做到劳逸结合、张弛有度，保持身心健康，让自己精力充沛。

4. 正视压力和倦怠

压力和倦怠人人都会感受到，这是一种正常的身心反应。军人的职业性质比较特殊，工作环境多种多样，常常充满危险和艰苦，工作性质也比较重复单调，更容易感受到较大的压力。当感受到较为持久的压力或出现了倦怠的情况时，要正确对待，既不回避否认，也不过分夸大它的影响作用，要主动作为，采取积极的态度和科学有效的应对措施，让自己尽快摆脱压力和倦怠情绪的不良影响。如果只是被动忍受，任由厌倦和压抑的情绪蔓延持续，则可能发展成为一种不良的心态体验和心理习惯，形成恶性循环，损害身心健康，降低个人的工作生活质量。

5. 寻求社会支持和专业帮助

在受到压力威胁和倦怠情绪困扰、自己无法独自克服的时候,应该积极主动寻求他人的帮助,如通过向自己信任的亲朋好友倾诉,获得理解和支持;通过寻求心理咨询获得专业帮助,以使自己尽快从困境中摆脱出来,重新恢复有效率、高质量的工作和生活状态。案例中的小胡听从了医生的建议,及时向心理咨询师求助,并通过系统咨询,最终恢复了健康,这是可取的做法。

6. 适量的运动和必要的放松

人有能力的极限,人的心理状态也有起伏波动的周期表现。长期紧张工作,缺少休息、锻炼和放松,就好比弹簧长时间保持在张力状态一样,时间久了就会失去弹性。长期过度疲劳会使人身心耗竭,陷入崩溃。因此,适量的运动和必要的放松对保持身心健康是必不可少的。运动和放松有利于人在紧张的工作之余,修养身心,缓冲压力,积蓄力量,继续前进。

案例中,小胡的倦怠心理产生有多方面的原因。一是由于以前一直长期超负荷工作、承受压力较大,身心长期处于紧张状态,一旦放松下来,就容易产生内心的失衡和不适,会感到迷茫、觉得失去了方向和动力。二是职业发展受限,导致小胡的自信心和自我价值评价降低,陷入认知误区,这需要从观念上进行调整和修正。三是与小胡本人个性认真、追求完美、不能接受平凡等因素有关。此外,因为长期从事相同的工作,虽然积累了丰富的经验,但同时也降低了挑战性,所以无法体现自己的能力,这也是小胡感到难以提起工作兴致、产生职业倦怠的一个重要原因。

小胡在分析了倦怠情绪产生的原因之后,做了一些积极的努力。她对自己今后的发展进行了深入思考,打算振作精神,改变想法,重新规划自己的工作和生活。适逢工作调动,小胡被安排到新的工作岗位,同时她还报名参加了瑜伽培训班,开始了有规律的生活。经过一段时间的努力,小胡的心态得到了较大改善,也重新找回了对工作的热情和信心。

四、小结

职业倦怠是指人在长期的工作压力之下产生的身心疲劳及耗竭的状态。一般认为，工作中的倦怠心理，是因为人不能顺利应对工作压力而产生的一种极端反应，是人在长期压力体验下的情感、态度和行为的衰竭状态。美国临床心理学家 Freudenbrger 于 1974 年首次提出了"职业倦怠"这一术语，许多心理学家开始对职业倦怠现象进行研究。职业倦怠不是少数异常者的反应，而是存在于各类职业中的普遍现象。职业倦怠不但影响工作效率，同时还严重损害人的身心健康，是需要引起组织机构和个人认真关注的心理问题。

职业倦怠严重影响人工作的积极性和主动性，降低工作效率，给人的身心健康带来多方面的危害。对于部队和军人来说，更要关注这类情况，要通过各种措施和方法积极预防职业倦怠的发生。已经出现倦怠反应的人员，则要想办法进行科学合理的应对，尽快减轻或消除倦怠情绪，恢复健康状态。

【倦怠测试题】

认真阅读下列问题，请根据自己的情况，将对应的选项填在后面的括号里。

其中，A—从未如此；B—很少如此；C—说不清楚；D—有时如此；E—总是如此。

1. 对工作感到有挫折感。（   ）

2. 觉得自己不被理解。（   ）

3. 工作让我情绪疲惫。（   ）

4. 我觉得我高度努力工作。（   ）

5. 面对工作时，有力不从心的感觉。（   ）

6. 工作时感到心灰意冷。（   ）

7. 觉得自己推行工作的方式不恰当。（　　）

8. 想暂时休息一阵子或另调其他职务。（　　）

9. 只要努力就能得到好的结果。（　　）

10. 我能肯定这份工作的价值。（　　）

11. 我认为这是一份相当有意义的工作。（　　）

12. 我可以从工作中获得心理上的满足。（　　）

13. 我有自己的工作目标和理想。（　　）

14. 我在工作时精力充沛。（　　）

15. 我乐于学习工作上的新知。（　　）

16. 我能够冷静处理情绪上的问题。（　　）

17. 从事这份工作以后，我觉得我对人变得更冷淡了。（　　）

18. 对某些同事所发生的事我并不关心。（　　）

19. 同事将他们遭遇到的问题归咎于我。（　　）

20. 我担心这份工作会使我逐渐失去耐性。（　　）

21. 当面对众人时，会给我带来很大的压力。（　　）

22. 我常盼望有假期，可以不用上班。（　　）

计分方法：

A—1分；B—2分；C—3分；D—4分；E—5分。

将所有题目得分相加除以22得到平均分，该平均分即代表职业倦怠的严重程度。得分越高表明职业倦怠的程度越重，1分代表没有职业倦怠，5分代表职业倦怠很严重。

倦怠反应分类：

（1）情绪衰竭（1~8题）。

（2）低个人成就（9~16题。9~16题为反向题，反向计分，即A—5分；

B—4 分；C—3 分；D—2 分；E—1 分）。

（3）人格解体（17～22 题）。

【问题表现三】工作中的拖延心理

你是不是有过这样的感觉——每天的事情很多，或者某件重要的事情没完成，截止日期一天天逼近，可是你就是不想去做它，你会暗暗告诉自己"等等，再等等吧"或者"到时候再说吧"。有时候明明知道手边有一大堆事情等着要做，你就是不想动弹，你可能玩网络游戏，可能不停地刷手机，也可能躺在床上睡懒觉。不过，你心里总会时不时地想到那些（件）需要做的事情，但它们（它）只能让你越来越焦虑和烦躁。你就是下不了决心、提不起精神让自己全神贯注去做事，或者一鼓作气完成那些（件）重要的事情……这种现象就是人们常说的"拖延症"。在日常工作和生活中，常见各种各样的拖延现象，偶尔的延迟能够缓解身心的紧张状态，保证人做事的效率，但如果"拖延"达到了较为严重的程度，明显影响了日常的工作、学习和生活，就需要引起足够的重视。

一、案例呈现

小王入伍三年了。近来他觉得自己做事拖延的毛病越来越严重，便去寻求心理咨询师的帮助，小王向心理咨询师叙述了自己的情况。

"我觉得自己有严重的拖延症，如在工作和学习中，觉得重要的事，虽然心里总记挂着，但总不能开始做。我感觉自己总是先忙其他事情，甚至疯狂玩耍，就是拖着不去做这件重要的事，越是拖到后面，心里越害怕，越怕越拖，到最后甚至有不能动弹的感觉。有时候勉强把事情做完交差了，有时候就不了了之了，然后对自己的评价进一步降低。对一些非工作方面的事情，也有拖延的现象，如起床、去健身房、学车、赶车等。我很苦恼。有时候心里面有个声音在说：'我做不了这事。'经常隐隐觉得自己不行，但其实，仔细分析一下，如果真要去做自己还是行的。但总有那个暗示在，好像自己给自己设了限制。压力大的时候，心里的'恶魔'就会出来，经常扰得我心绪不宁、无所适从。"

心理咨询师分析了小王的情况，并详细了解了小王的成长经历，发现小王有追求完美的人格特质，同时也存在面对较大压力时习惯逃避的行为模式。之所以会出现拖延的现象，是因为小王内心深处的矛盾冲突。为了帮助小王改善拖延的问题，心理咨询师为小王提供了一段时期的咨询辅导，直到化解了他的"心结"，并且拖延的情况有了明显改善时为止。

二、心理解析

（一）拖延症的具体表现

（1）看着手头的工作任务、要写的材料或报告就心烦，心里惦记着但就是不想动手去做。

（2）总觉得自己很忙，但又似乎确实没有什么可忙之处，只是不停地刷新网页，或者翻看手机。

（3）心里虽然感到很焦虑，但是还是想再等一等，再往后推一推。

（4）要写的东西摆在面前，看着就是不想动笔，大脑好像停滞了一样。

（5）觉得自己每天都在浪费时间，每天都下决心告诉自己"明天一定不能这样了"，可是到了第二天还会出现拖延不做的情况。

（6）有莫名的担心，担心自己做不好，头脑中好像总有个声音在对自己说："你还没准备好，这件事你做不了。""唉，算了吧，不管怎么样，你都做不好的。"

（7）"上午不舒服，睡会儿懒觉，下午再做吧""下午开会，那就明天再做吧"，总能找到各种各样的理由为自己不去做事开脱。

（8）想得很多，但行动力很差。常常立志，但又不愿去落实，日复一日混日子。

（9）事情不到最后关头不会真正用心去做。总是要到最后几天才动手去做，因为时间太仓促而常常胡乱凑合，只能应付交差。

（二）拖延症的成因分析

导致拖延的原因既有来自客观方面的，也有来自主观方面的。在客观方面，如不合理的报酬、付出与回报落差过大、违背心意的事情、被强派的工作、缺乏知识或技能、困难度过大的任务等，这类性质的工作任务，会引起人的愤怒或沮丧情绪，从而导致拖延；在主观方面，拖延很可能与人的潜在心理问题相关，主要表现为以下几个方面。

1. 完美主义的信念造成的认知陷阱

有些人具有完美主义特质，对自己有很高的要求，凡事追求尽善尽美，不希望出错，或者担心被人挑毛病。因为期望过高，反倒给自己造成了强大的压力，无形中形成一种错误信念，即"做不好就是失败""失败就说明我不够好、不够优秀"，这些信念导致人的自我价值感降低，对自己的期待值下降，从而抑制了人做事的动力。也就是说，他们内心希望自己能把事情做到最好，但是因为担心做不好，害怕被做不好的结果和他人的负面评价伤害，所以干脆拖着不做，以此逃避"可怕"的后果。

案例中的小王就表现出了这样的高焦虑特征，这样的人格特质一般与成长中的早期经验有密切关系。在咨询中，小王谈道，小时父母对自己的要求极为严格，无论是学习还是生活习惯，都有规定的标准。如上初中时，父母要求他每门功课的考试成绩不能低于96分，一旦低于96分，就取消一周一次的网络游戏时间，直到成绩达到96分以上时才能恢复；规定他每周只能在周六玩一小时的网络游戏，每天晚上必须在11点以前上床睡觉；等等。小王一直都是按照父母的要求去做的。在高一时，因为一次月考成绩不理想父亲批评了他，小王顶了父亲几句，父亲动手打了他。那是他和父亲唯一的一次冲突，父亲很生气，但此后父亲对他的态度有所缓和，不再像以前那样动辄指责了。不过小王一直觉得很内疚，觉得自己伤了父亲的心。高中时期小王的学习成绩维持在班级20名左右，不像初中时那样总是名列前茅。虽然考上了重点大学，但并不是理想中的学校，小王觉得是自己辜负了父母的期望。工作以后，小王内心的自卑感并没有消除，反倒越来越严重。周围的同事有比他学历高的，有比他有经验的、比他工作能力强的，小王觉得自己被压得快要喘不过气来了。他内心想好好工作，证明自己的能力，可是又不相信自己能做好，而且无法想象一旦做不好，领导和同事会怎么看自己。所以每次有工作任务，他都惴惴不安，压力巨大。为了缓解这种巨大的压力，他要么疯狂地玩网络游戏，让自己沉浸其中什么也不想，要么就去做别的。但是任务期限快到的时候，只好硬着头皮去做，因为时间紧张感觉自己是在应付了事，对做事的结果也不满意。这样一来，慢慢形成了一种恶性循环。

2. 负面情绪的影响及逃避的应对模式

工作压力会引起人的焦虑情绪。对于拖延症者来说，即便面对普通的工作，也可能会引起很强的焦虑感。适度的焦虑会推动人去行动，但如果焦虑紧张的情绪过于强烈，超过了应有的限度，反而会抑制人的行动。因为负面情绪往往会引发人的痛苦感受，触发人"趋利避害"的本能反应，所以便想方设法逃避那些引起痛苦的事物或情境，以减轻心理压力。拖延症者通过玩耍或者做别的事情，暂时避开了那些让他感到焦虑不安的事情，实质上是以逃避不做的方式来减轻焦虑的痛苦感受，案例中的小王叙述的情形便属于这一类。如果长期采用这种应对焦虑的方式，拖延的行为就会被反复强化，从而形成一种心理和行为上的习惯。小王说自己除了在工作上会拖延，在其他事情上也出现了拖延的情况，这就说明拖延已经成了他的习惯化反应，需要及早想办法加以改善。

3. 注意力易受干扰因素影响

有拖延习惯的人一般比较缺乏自我管理能力，自律能力不足，在做一件事情时容易被其他刺激信息所干扰。在工作期间，周围环境中的许多事物都可能成为干扰因素，如QQ、微信、电子邮件、电视、网络游戏等，这些伴随每个人日常生活的事物都可能成为干扰因素，在无意识中吸引人的兴趣，分散人的注意力。这些干扰因素看似微小，但影响作用不容小觑。而且，比起注意力专注的人，有拖延习惯的人更容易受到周围环境中各种刺激信息的干扰，这样一来，本来需要在当天完成的工作又会被拖到第二天。如果想要避免拖延的发生，在开始重要工作时不妨暂时收起手机或关闭网络，以减少无关刺激信息，远离干扰因素。

（三）拖延习惯给人造成的心理影响

长期拖延会给人的心理造成负担。如果拖延的现象出现在工作中，拖延症者常常会因为拖延导致工作的完成质量不高而感到内疚；或者担心自己不能顺利完成任务而感到焦虑不安、沮丧灰心。越拖延，拖延症者感受到的压力也就变得越大，自信心也会受到更大的打击，个人内心的平衡会被打破，感受不到平静踏实和幸福感，等等。如果拖延出现在生活中，则可能会耽误各种事情和造成各种损失，甚至导致夫妻争吵和家庭关系紧张等，从而影响个人生活质量。

三、心理辅导——如何改善拖延习惯

应对拖延习惯，可以尝试从以下几个方面来改善。

（一）增强自我管理

自我管理体现在许多方面，如针对工作任务的自我管理、针对个人生活的自我管理、针对学习的自我管理，等等。案例中的小王，主要苦恼于工作中的拖延现象，为此，心理咨询师专门为他"量身定制"了针对工作任务的"自我管理六步法"，具体做法如下：

第一步，将手头要做的事情进行分类整理，如将一个庞大的项目划分成具体的小块。

第二步，从最简单的工作或者最高优先级开始。

第三步，确定自己高效率的时间，如清晨或者临睡前，在这些时间内工作。

第四步，与他人合作，找一个能监督自己的伙伴。

第五步，收起手机或其他无关物品，尽量减少分心的时间，专注于工作。

第六步，适当奖励自己，对自己表达赞美或肯定。

在帮助小王解决工作拖延问题的同时，心理咨询师循序渐进地制定了一些更为具体的自我管理措施，如针对小王学车一事进行时间规划并制订执行计划，鼓励小王在预定时间内完成既定目标。通过逐步训练，帮助小王从凡事都拖延的不良习惯，养成对每件事情都进行合理规划，并按部就班去完成的习惯。

（二）进行认知行为训练

之所以会拖延，主要还是因为拖延症者在认识观念上存在误区，行为上自控力不足。心理咨询实践表明，一些拖延症者可以通过认知行为训练，最终达到改善拖延行为的目的。具体做法包括自我认知训练、认知调整、刺激控制、行为模拟实验、行为激活等，这些方法可以在心理咨询师或相关专业人员的帮助下进行。个人也可做自我认知观念的检查和反省思考，如果是观念局限于一隅，则可尝试改换思考问题的角度；如果是自我评价过低，则要发现并肯定自己身上的闪光点，鼓励自己勇于尝试，提高自信心；如果是自控力不足，则需要制订具体的行动计划，设定时间节点和奖惩措施，确保自己能按计划完成任务目标，逐步提高自己自律自制的能力。

小王存在自我评价过低和追求完美的性格弱点。对此，心理咨询师对小王进行了相应的认知调整，帮助小王客观看待自己的优点和不足，摆脱认知误区，恢复信心和自信，增加行动的积极性和主动性。

（三）寻求专业帮助

对于拖延症比较严重的人，则需要进行专业的鉴别诊断和治疗。一般在专科医院，心理医生会采用量表测试及其他专业手段，来评估问题的性质和严重程度，并确定相应的治疗方案。

四、小结

"拖延症"这个词越来越受到人们的关注。如何看待拖延;人为什么会产生拖延的心理和行为;如果拖延行为已经给工作和生活带来了烦恼,该怎样做才能解决这一问题来提高工作效率。这些问题已经被越来越多的人关注和讨论。解决拖延问题时,应该根据每个人的实际情况,进行全面客观的分析,搞清楚影响因素。对于心理问题引起的拖延现象,应该进行仔细甄别判断,找到心理主因,确定拖延的程度,区分正常与异常,然后考虑采取针对性的措施进行改善。

【问题表现四】工作中的压力排解

心理压力是人在适应环境过程中的一种身心紧张状态,军人会体验到来自各方面的压力。执行任务、岗位竞争、晋升、情感及家庭生活的考验、对转业退伍的担忧等,这些都会给军人带来不同程度的压力体验。

在通常情况下,压力是不可避免的。客观而言,完全没有压力既不可能,也未必是什么好事,有压力也不一定全是坏事。人无压力轻飘飘,适度的压力能激发人做事的动力,帮助人不断进步,努力追求,取得成绩。不过,压力也是一把双刃剑,如果一个人的内心承受的压力过大,压力感受持续时间过长,很可能会造成人身心方面的各种不良影响,损害人的健康。一般来说,如果压力已经成为一种严重的心理负担,让人感到身心俱疲,难以承受,就需要进行必要的心理调适,及时改善不良的心理状况。

一、案例呈现

小汪入伍三年了,一年前小汪被调到机关工作。机关事情多,小汪每天都有做不完的事，加班加点成了常态。因为缺乏工作经验，小汪在工作上免不了要出错，为此常常遭到领导批评。小汪自尊心强，挨了批评面子上挂不住，但也不好在领导面前说什么，只是心里很窝火，常常自己生闷气。

小汪有一个相处了两年的女朋友，两个人本来关系挺好，可是自从小汪到机关工作后，因为工作忙经常加班，彼此交流的时间就变少了。有时候两人打电话，小汪常常说不到几句话就匆匆忙忙把电话挂了，为此女朋友经常埋怨小汪。小汪听女朋友数落的次数多了，觉得自己这样辛苦工作还不是为了两个人的未来，但却得不到理解和支持，心里很烦躁，有时候忍不住就会和女朋友在电话里吵起来。吵架的次数多了，两个人的关系渐渐出现了危机，时不时冷战，谁也不理谁。现在，小汪的女朋友已经两个多月没有主动联系他了。

小汪觉得陷入了困局，工作上的事和生活中的事搅在一起，就像一团乱麻，不知道该怎样去理。小汪整个人处于一种一提到工作就觉得恐惧的高度紧张状态，每天都提心吊胆，生怕又有什么工作落到手里。但总是怕什么来什么，每次一听到领导找他布置工作任务，他就开始头痛、烦躁，静不下心来。小汪把自己的情况总结为：工作时提不起劲儿，休息时又放不下心。小王觉得不能长期这样下去，可又想不出什么好的办法来解决这些问题。现在小汪晚上常常失眠，心情很沮丧，他觉得说不定哪天自己就会崩溃。

小汪找战友倾诉自己的感受，战友说小汪抗压能力太差，自我加压又太多，建议小汪好好调整自己。小汪努力做调整，但他始终觉得不得要领。不得已他向心理咨询师求助，希望心理咨询师能帮助他缓解这种情况。

心理咨询师帮助小汪对他自己的情况进行了系统梳理，找到核心问题，分析各种影响因素，并引导小汪重新审视让自己感到纠结的各环节，一步步看清困扰自己的事实真相，从中看到自己的努力，增强自信心，同时也发现被自己忽视的地方，查漏补缺，完善自己。经过一段时间的咨询，小汪恢复了自信，心里感到踏实平静，问题得到了解决，他可以继续愉快地投入到工作和生活当中了。

二、心理解析

（一）压力环境下的应激反应

在心理学中，压力也称为"应激"，应激反应是机体在面对压力情境时的一种紧张状态。应激状态下人会引发一系列生理和心理反应，这些反应能够调动和唤起人的潜能，有助于人积极主动地适应环境，但如果压力过重或者持续时间过长，超过了人身心所能承受的必要限度，则可能损害人的身心健康。诱发工作压力的因素可以是工作内容、工作环境、工作性质、工作伙伴、工作方式等方面。长期的工作压力除了会造成身体不适，如腰酸背痛、头昏脑涨、失眠多梦、口腔溃疡、过敏等，还会导致工作表现欠佳、事故和失误频发、人际关系紧张、家庭关系疏远等。

压力下的应激反应具有阶段性的特点，主要表现为三个阶段：第一阶段为警戒期，这是人刚感受到压力时的反应。这一时期，脑垂体分泌的促肾上腺皮质激素通过血液循环到达全身各组织器官，导致心率加速、呼吸加快、血糖升高等生理反应，伴随出现紧张、恐惧、愤怒等情绪反应。如果导致压力的因素在此阶段消失，机体内部就会很快恢复平衡。第二阶段为抵抗期，在压力因素持续48小时后，机体进入该阶段，个体身心能量开始下降，但仍竭尽全力与压力源抗衡，并试图恢复平衡状态。这时候人会感到肌肉紧缩，病菌很容易乘虚而入。如果这个阶段引发压力的因素消失，机体也可较快恢复平衡。第三阶段为衰竭期，机体长期处于压力状态最终导致能量耗竭，体内有关激素的分泌功能已经出现障碍，人会感到软弱无力、精神崩溃，并伴有严重的压抑情绪，无力应对压力。

日常工作中，许多人刚一开始工作就会像上足劲儿的发条，集中全部精力工作。这种习惯有利也有弊，如果因为意识不到工作压力过重而没有采取相应措施，人的身体和心理迟早会出现问题。因此，需要对压力过重的预警征兆保持敏感，并及时进行调整。

（二）压力导致的情绪问题

压力感受常常伴随着人的情绪反应和生理变化。心理学意义上的压力通常是指人的内心冲突及与之相随的情绪体验。

结合案例中小汪的情况来分析，工作压力使他的心理负荷增加，变得沮丧、烦躁、紧张、压抑，面对工作任务时甚至会恐惧不安，总想逃避。由于小汪缺乏控制和调节情绪的能力，因此这样的情绪状态进一步扩散，影响了小汪和女朋友的交往体验，造成小汪与女朋友之间的关系出现矛盾和危机。处理不好与女朋友的关系，这又进一步加剧了小汪的消极情绪体验，让小汪陷入了不良情绪的泥潭。

（三）压力的具体表现

压力会引发人生理和心理两个方面的反应。

1. 身心俱疲的感觉明显

如案例中所描述的，小汪经常感到焦头烂额、内心疲惫，疲于应付，且工作效率低下、做事拖延、工作热情下降、回家不想动弹、生活趣味减少等。

2. 引发相应的身体症状

压力引发的相应的身体症状包括容易生病、频发口腔溃疡、胸闷气短、心率加速、呼吸加快、失眠多梦、易惊醒、睡觉爱出汗、血压升高、背痛腰痛等。

3. 情绪状态不良

情绪状态不良表现为紧张不安、暴躁易怒、爱发火，或者心理压抑、情绪低落、提不起精神、莫名担心和忧虑等，严重者甚至有自杀的冲动或行为。

三、心理辅导——如何排解压力

要想拥有健康的身体和心理，就需要学会辨别压力状态，防止压力过度，正确排解来自各方面的压力。

（一）预防为主，注意休息

每当有疲劳感的时候，就意味着身体正在释放压力激素，这种压力激素使得血压升高和心率加快。在疲劳感产生之前，就可以采取一些预防性措施。在一般情况下，身体需要通过适当的休息来修补伤害，只要进行必要的休息，就能防止或者减轻疲劳感的产生。研究证明，充足的睡眠能使人分泌的压力激素减少37%。

（二）注意饮食，缓解压力

调查结果显示，减少盐的摄入量能够使人的压力激素水平下降30%，即少吃盐能缓解压力。另外，从营养学角度而言，每天补充各类新鲜的谷物和豆类，也能减少压力感，有些水果（如香蕉、葡萄柚、柑橘类等）也有辅助减压的效果。

研究显示，每天补充适量的维生素C、维生素B6和其他多种矿物质，可以帮助人们有效减少压力感。当人们感觉压力过大，身体过度疲劳不易恢复时，除了进行必要的休息，还应进行合理的饮食搭配，多吃一些新鲜、营养丰富、富含维生素、有利于恢复体力的食物，以帮助身体尽快恢复正常状态。

（三）多途径放松，科学减压

当感觉压力过大、身心俱疲时，可以通过各种方式和途径来缓解压力。例如，练习呼吸放松法，看自己喜欢的书籍或有趣的电视电影，听音乐，做运动，外出旅游等。另外，在安静的环境中休息，也能有效减缓压力、平静心情。还可以通过合理宣泄的方式，如写作、绘画、练习书法、做手工、学习乐器或摄影、找朋友聊天等，来保持心理平衡。

（四）调整认知观念，减少内心冲突

1. 懂得量力而行

成就动机强的人对自己的要求往往很高。标准定得越高，压力也就越大。

如果标准过高，就会变成一座大山，压得人喘不过气来，结果也可能会适得其反。这样的情形下，就需要懂得量力而行，根据自己的能力，尽最大努力，能做到什么程度就做到什么程度。要注意既不要高估自己的能力，也不低估自己的能力，这样有利于压力保持在均衡状态。

2. 保持乐观，树立自信

乐观的态度和自信心很重要。凡事都有章法，遇事不要着急发慌，应保持头脑冷静，掌握工作方法。当事情多的时候，要分清轻重缓急，根据主次进行合理安排，让自己忙而不乱。一个人的精力有限，有些事情该放手让别人做的应该相信别人，不必事事亲自上阵。除此之外，保持心情愉快、信心满满、精力充沛，以实现高效率工作。

3. 认识客观，避免走极端

注意保持客观合理的认识。如果长期处于消极情绪中不能摆脱，不妨冷静反省自己，看看自己是不是陷入了某种认识局限或者极端。例如，事情没做好受到领导批评时，觉得自己一无是处；一遇到挫折就怀疑自己能力太差胜任不了工作，因而一蹶不振；等等。正是这些认识局限，影响了人对自己的评价和情绪体验。要懂得人无完人的道理，明白人都是在各种错误中不断成长起来的。随时提醒自己培养客观看待事物的能力，保持对自我的合理认知。

四、小结

身体是革命的本钱，健康是人成就一切事情的基础。如果一个人承受的工作压力过大、压力持续时间过长，而他对此却不加以警惕，不进行必要和合理的调适，就等于听任压力损害其身心健康。没有健康的身心，即便在短时间内取得了成绩，也不能持久。真正懂得生活的人，是那些注重健康、懂得休息、合理安排自己的工作时间和休息时间的人，因为只有这样，才能保证高效率的工作和高质量的生活。

【问题表现五】工作中的失败和挫折应对

常言道:"人生不如意事十之八九。"在工作和生活中遭遇挫折和失败是很常见的事情。虽然许多人也明白"失败乃成功之母"的道理,但是每当身临其境,遇到不如意的事情时,人们还是会经受程度不同的心理挑战和意志考验。如何看待和处理挫折事件,这关系军人的工作进步和个人成长,需要认真对待。

一、案例呈现

小李是一个好胜心很强、凡事都要争先的人。入伍以来,一心想在部队好好干的小李为自己定下了奋斗目标。刚开始比较顺利,小李在各方面的表现都很突出,取得了不少成绩,领导和身边的战友平时对小李的评价也都很高。去年小李面临调职,同年调职的还有几个人,虽然有竞争压力,但许多人觉得小李有希望,小李自己也很有信心。可是宣布结果时,小李却没有获得调职的机会,他觉得受到了打击。他去找领导询问原因,领导解释说名额有限,而小李是竞争者中最年轻、工作时间最短的,调职结果是对每个人各方面情况综合考虑确定的。领导安慰小李说以后还有机会,鼓励小李别灰心,继续好好干。

小李嘴上没说什么,心里却摆脱不了失望和沮丧的情绪。辛苦努力的结果却是这样的,这让他很伤心,也很不甘,自尊心很强的他觉得大家一定都在看他的笑话,甚至开始怀疑自己以前那样拼命努力是否值得。

屋漏偏逢连夜雨。调职事件之后不久,上级部门来检查工作,小李负责完成的一项工作在检查中发现了问题,单位遭到了上级部门的批评,领导为此也狠狠地批评了小李。这件事让小李变得更加沮丧,他想:"调职被刷就够丢人的了,这么重要的检查又出现问题,这下自己算是彻底完了,以后还能有什么奔头?"自此以后,小李的情绪一落千丈,人变得沉默寡言,对待工作也不像以前那样积极了。

和小李关系比较好的一位战友看出了小李的变化，这位战友是一名老兵，他主动找小李谈心。小李向老兵战友诉说了心里的委屈和郁闷，最后告诉老兵战友："我现在很灰心，觉得以前的努力都白费了，今后该何去何从？我心里很迷茫。"

老兵听完后，提醒并劝解小李说："人都有不顺利的时候。你还年轻，经历这些事觉得受委屈也正常。不过就因为这些事把自己的未来都放弃了，划得来吗？什么事情都要从长远去看，你一向做事认真积极，很努力，受了点挫折就自暴自弃，那别人会怎么看你？你自己怎么看自己？再说，人都会犯错，知错就改，经验多了，犯的错误慢慢就越来越少了。"

小李思考着老兵战友的话，心情慢慢平静下来。他意识到自己的确有点偏激了，应该更加客观理性地看待自己遇到的事情。

二、心理解析

（一）遭遇失败和挫折时的心理体验

当置身事外的时候，人们对失败和挫折都能有客观上的认识；但是身临其境时，痛苦的心理感受往往令人难以摆脱。

1. 情绪沮丧，自怨自艾

遇到事情不成功、不顺利的时候，人们首先会体验到一种极度沮丧的情绪，伴随这种情绪出现的还有对自己的失望、不满、后悔和自责等一系列反应。许多人会陷入这种灰暗消沉的情绪和自怨自艾的心态中，很长时间不能自拔。

2. 自信心降低，行动力减弱

失败会打击人的自信心，让人产生自我怀疑，案例中小李所描述的就是这样一种心理感受。小李因为愿望受阻（调职无望），自尊心受到打击，自信心降低，加之后来在工作中犯错遭到批评，在连续打击下，使他对未来产生了一定程度的绝望感，失败的不利影响也就无形中被扩大化了。这种失望的心理会降低人的行动力，让人失去奋斗的动力。

3. 免疫力下降，容易生病

有些人经历了对自己影响重大的事情的失败之后，因为心理冲击过大，除了心情抑郁沮丧、心理状态不佳，还很有可能会累及身体。经历失败同样会让人产生应激反应，会引起生理和心理的一系列变化，如血压升高、心率加速、内分泌紊乱等，这时机体的免疫力下降，人变得脆弱，病菌很容易乘虚而入。

（二）害怕失败的心理分析

从根本上来说，人们追求成功，是源自生存的需要，成功意味着获得了更有优势的生存机会；而失败则可能被淘汰出局，面临巨大的生存危机。在社会生活当中，人们也习惯以"成败论英雄"，成功或者失败，成了人们衡量一个人生存能力和自我价值的标准。从心理意义上看，人们追求成功是源于想要证明自己存在的价值的强烈愿望，而害怕失败，实际上是不愿意接受自我价值被否定。成功意味着一个人的自我价值被承认，失败则使人的自我价值感降低。具体而言，成功意味着一个人自己所看重的能力、学识、水平、技术等得到了某种程度的证实和肯定；但是失败则刚好相反。害怕失败其实是担心自己内心想要获得的某些东西，如被尊重、被肯定、被赞赏等愿望得不到满足。从心理层面来分析，失败常常和人的丧失感密切相关。

1. 害怕失败源于对成功的强烈渴望

人们做事的动力取决于成就动机的大小。成就动机是人渴望获得成功的内在动力，成就动机越强的人，越不愿意面对失败。当一个人对成功的渴望过于强烈时，就会对失败产生恐惧。

2. 失败带来的挫败感源于期望过高

人们做事时希望取得好成绩，以此证明自己的价值。但事实上对结果寄予的期望过高，面临失败时，心里的挫败感就越强烈。"希望有多大，失望就有多大"说的就是这个道理。对事情的结局孤注一掷，一旦迎来失败，找不到退路，心理上就可能崩溃。

3. 被失败击倒是因为缺乏心理准备，耐受力不足

胜败乃兵家常事。在生活中的许多时候，人都会遭遇失败和挫折。如果对失败和挫折缺乏足够的认识，心理准备不足，心理承受力和耐受力不足，在面临失败时就可能慌了手脚、乱了方寸，因受打击而一蹶不振，失去继续奋斗的勇气和动力。

三、心理辅导——如何应对失败和挫折

（一）调整认知观念，正确看待失败和挫折

世上一帆风顺的事情少有，失败和挫折常存。如何认识失败和挫折，怎样面对失败和挫折，这是生活给予人的难题。

1. 客观认识失败和挫折的有利之处

失败和挫折其实是在提醒人们当前存在的缺陷、不足和不利之处。生活中的失败经验对于最终的成功至关重要。大家都知道发明家爱迪生，据说他的一项发明，在成功之前经历了 8000 多次失败的实验。但爱迪生并不认为这种失败是无用的，他说："我为什么要沮丧呢？这 8000 多次失败的实验至少让我明白了这 8000 多个方法是行不通的。"这是一种很达观的对待失败的态度。的确，失败正是让人不断摸索尝试，不断寻找正确方法的过程，失败是很可贵的经验积累。

2. 提高心理承受力和挫折耐受力

失败的确会冲击人的自信，打击人的自尊。心理承受力弱的人难免会觉得脸上无光和丧气；但是过于顾及面子、不能尽早跳出沮丧的情绪泥潭，对个人的发展是一种阻碍。在生活中，要不断锻炼自己的承受能力和耐受能力，脸皮厚一些、心理钝感力强一些，坚持自己所做的事情不动摇，持之以恒，最终才能有所成。

3. 磨炼强韧的意志力，保持生活的耐心

遇到失败和挫折，一味沉溺于自怨自艾、悲观失望的情绪当中，除了消磨

时间，是没有任何意义的。想要证明自己，唯有持续努力，保持耐心，以更大的勇气坚持去做自己想做的事情。跌倒了爬起来，重新起步，一步步积累。在失败和挫折中有意识地磨炼自己坚忍不拔的意志力。在坚持做事的过程中，证明自己生命的价值，体验生活的意义。

（二）尽早寻求社会支持，防止形成消极思维

人一旦遭遇挫折，很难不受消极沮丧情绪的影响。在这种情况下，需要提醒自己想办法转移注意力，以尽快摆脱这些消极情绪的纠缠，同时也要防止自己的观念走向偏颇。其中比较有效的办法就是及时向他人求助，借助旁观者的冷静和清醒，帮助自己尽早走出情绪和认识困境。案例中的小李因为未能顺利调职，产生了委屈不平的情绪，又由于工作出错遭到批评，觉得自己似乎"没了奔头"，在消极情绪的推动下，他的认知观念也走向了狭隘和极端，从而影响了他的工作心态和积极性。幸好有战友的提醒和劝解，让他及时进行了自我反思。由此可见，在陷入情绪困境的时候，来自他人理性而恰当的提醒是很有必要的。当遇到失败和挫折的时候，懂得及时向他人寻求帮助，善用社会支持，这是帮助自己战胜失败和挫折带来的消极沮丧情绪的重要方法。

（三）确立新的目标，全神贯注地努力

目标指引人的行动。人在情绪低谷时，如果失去了目标，自然也会减弱行动力。所以，在遭遇失败和挫折时，摆脱情绪困境和认识局限的最好方法就是重新确立目标，并全神贯注为实现这个目标而努力行动。这样做有助于分散人对当前不利事件的注意力，减少消极情绪的干扰。

在确立目标的时候，要注意分清楚长远目标和短期目标，仅确立短期目标是不够的，还应该明确奋斗的长远目标。通过确立长远目标，帮助人们看到更广阔、更长远的未来，增加奋斗的勇气和持续努力的决心与信心，如果这样，即便短期目标暂时不能实现，也不会影响一个人对长远目标的努力追求，防止因一时一事而陷入思维局限和情绪迷局。

四、小结

人在遭遇失败和挫折时，会感受到许多消极的情绪，面临心理上的难关。在这种情形下，要懂得及时调整，控制情绪，进行自我安慰和自我鼓励，要保持勇气，努力排除一切干扰，对他人对自己的误解、非议和责难平淡处之，还要坚持自我，不断努力，才能找到新的成功的机会。

遭遇失败和挫折时，要锻炼自己保持定力的心理能力，通过冷静分析问题原因，找到解决问题的办法，为新的开始做好准备。同时要提醒自己保持积极的心态，主动寻求解脱心理困境的有效方法，分散自己对失败结果的注意力，将心思和精力尽快调整到要做的事情上。

当失败和挫折不可避免地降临时，不妨坦然接纳和面对，既来之，则安之，勇敢面对失败和挫折带来的挑战和考验。

【问题表现六】"工作狂"的烦恼

"工作狂"，通常是指一个人对工作极度投入的狂热状态。本书侧重分析工作中表现出的非常态的偏执狂热心理。偏执心理是指人的思维或观念固着在某些特定方面而忽视了其他的可能性。偏执心理会影响人们对事物进行客观的认识，有偏执心理的人会因为只重视某种观念或认识，而顾及不到甚至无法理解其他的想法和做法，从而给自己和他人的工作、生活带来矛盾冲突和心理困扰。

一、案例呈现

老乔是一名干部，别人说他是一个"工作狂"。老乔每天的工作时间几乎都超过了 10 小时，基本上没有上下班的界限，也从来没有周末、节假日的概念。他的爱人经常埋怨他，说家对他来说不过是一个有床的"办公室"，而办公室才是他真正的"家"。一旦离开了工作，老乔就不知道自己该干什么，心里乱糟糟的，人也无精打采的，没有生气。比起其他事情，老乔更喜欢工作的状态，工作能让他心里踏实，每天加班到凌晨也不觉得苦，办公室基本上就成了老乔的家。

不过老乔也有苦恼，周围的同事虽然表面上也说老乔的好话，但内心并不愿意像他一样，甚至有点疏远他。老乔也不太能接受别人在工作上的态度，总觉得他们不够投入和认真。老乔带着几个年轻人，他对他们要求很严格，他们也经常和老乔一起加班加点。不过有一次老乔无意中听到他们闲聊，都说在他手下干活太累了。

老乔家里的孩子小，老人身体不好，他的爱人一个人忙不过来，所以对他很有意见。可老乔觉得自己在家也做不了什么，他的爱人总说他"笨手笨脚，什么也做不好"。

老乔感到很郁闷，他向心理咨询师求助，疑惑地问："我这种状态，究竟是正常，还是不正常？"

心理咨询师在全面了解了老乔的情况后，肯定老乔忘我工作的精神非常可贵，具有积极的意义，同时也提醒老乔除了工作，还需要注意处理好工作及生活中的各种关系，保持工作和生活等各方面的平衡状态。心理咨询师对老乔的困惑进行了对比分析，重点澄清了老乔在工作和生活两种状态时的心理感受、价值观念、沟通模式、行为习惯等方面的情况，帮助老乔看到他自己性格上的优点和不足，察觉并反思他自己在与人交流沟通时存在的认知盲区，以及不善表达感情的弱点，提醒老乔在与爱人和工作团队成员沟通时应注意方式方法，增强共情能力，深入理解他人的情感需求，并学习适当表达情感的方式方法。

老乔在心理咨询师的帮助下，逐渐明白了问题产生的心理原因，意识到自己的疏忽之处，在惭愧自己以前的想法和做法过于简单之余，也领悟到平衡家庭与事业的关系的重要性，开始慢慢学习与爱人和团队中的年轻人进行有效沟通的方法，尝试表达自己对他们的关心之情，夫妻关系、家庭氛围有了明显改善，他带领的团队的凝聚力和工作积极性也更强了。

二、心理解析

（一）"工作狂"的心理原因分析

一般来说，痴迷于某一样事物会让人自觉自愿投入精力，但过度痴迷于某一事物，对其他事情不闻不问，并且影响到了本人的正常生活，给自己及与己相关的人带来了困扰，这种痴迷很可能就是一种心理问题。例如，痴迷于网络游戏而成为无法独立生活的宅男，痴迷于工作而无力解决自己面对的家庭问题等。

"工作狂"产生的原因可能有以下几方面：

一是对工作有很强的责任心，对工作的内容也有很大的兴趣和很高的热情，能从工作中感受到乐趣和满足，因此愿意付出很多精力和时间。这类情况是出于本人主动而理性的选择，属于健康积极的工作状态。

二是心理上孤独寂寞，依靠工作排遣压抑的情绪。例如，家人不在身边，朋友较少，或者本身缺乏愉悦身心的兴趣爱好，生活单调乏味，不得不从工作中寻找乐趣。这类"工作狂"有被动而为的原因，但不能因此视其为不正常，只要没有影响本人的正常生活，自己也能承受和协调解决各种生活矛盾，这类"工作狂"也属于正常的工作表现。

三是个性偏执，对人、对事、对自己要求过于苛刻，注意力只集中在工作上，而忽略了人的其他正常需求。长此以往，会导致身体过度劳累出现透支，心理上出现不平衡。在人际关系上，也会使工作团队中的其他人由于不堪重负，产生焦虑、紧张、压抑、抑郁等各种消极情绪，从而导致工作效率下降的不良后果。这种状态一般会引发各种心理困扰和问题，需要积极干预。

四是借工作逃避一些不愿面对的事情。这样的人可能在生活中有苦恼的问题，心理上有不满或自卑的情绪，为了逃避或者忘却某些令人伤心的事情，只有忘我工作，从工作中体会满足感，获得自信心。例如，刚刚失恋的人容易表现出痴迷于工作的状态。这类情况需要根据每个人的具体情况，综合各种内外因素来进行客观全面的分析和引导。

五是由客观环境或竞争等外在压力而致。例如，在完成某项工作的过程中为了赶时间或缩短工作进度；或者在竞争的情况下为了获得预期的利益或成绩，而不得不把所有时间和精力用在工作上。在这种情况下表现出的工作狂热，是有目标的自觉行为，是工作者在理性思考下的主动选择，所以不能简单地将其视为心理上的偏执。

案例中所描述的"工作狂"现象与老乔本人的性格和生活习惯有很大关系。他本人性格内向，与同事之间的交流除了工作，几乎很少涉及其他内容，也没有什么兴趣爱好。老乔不会干家务活，与爱人的交流也比较少，平时很少陪孩子，爱人对他不满意、指责他，他也觉得自己在家里是个多余的人。只有在工作中，他才能获得自信和体会到满足感，觉得自己有价值。所以老乔宁愿待在办公室，节假日宁肯加班也不愿意回家。现在这种状态已经影响到了他的同事关系和家庭关系，因此他需要认真反思并加以调整。

（二）如何衡量自己的工作状态是否正常——将"工作狂"和正常的工作热情区分开来

区分"工作狂"和正常的工作热情的关键点在于，看自己的工作状态和行为表现是否存在过犹不及之处，是否给自己的生活及相关的他人带来了困扰和过多的压力。

凡事都应该张弛有度。工作是人生活的一部分，正常而健康的工作热情、认真的态度、应有的积极性是我们所提倡的。理想的情况是每个人都能喜欢自己的工作，有对工作的兴趣和热情，在工作的过程中能体会到乐趣和愉悦的情绪，感受到自己的价值。不提倡的是，仅仅为了工作而全然不顾及其他，甚至以牺牲自己的健康和幸福为代价。

衡量自己的工作状态是否合理健康，可以从以下几个方面进行自我分析：

1. 审视自己是否将工作当成了自己逃避烦恼和问题的借口

如果属于这种情况，需要仔细审视自己的心理，正视烦恼，厘清产生烦恼的根由，着手去解决问题，而不是逃避问题。例如，有些人沉迷于工作是为了逃避不愉快的家庭生活，这就需要从营造符合理想的家庭环境和改善亲密关系着手，做相应的建设性工作。一味逃避烦恼，烦恼只会越积越多，最后很可能积重难返，成为难以解开的"死结"。只有心理上安宁稳定，没有孤独感，才能体会到生活的乐趣，工作起来才更加惬意和有效率。

对于案例中的老乔来说，需要适当分出部分时间和精力用于和同事交流及进行家庭生活建设，建立良好的人际关系和家庭生活氛围。例如，在单位多和同事进行沟通，了解他们的生活和想法，参与同事之间的活动；在家里则多帮爱人做一些家务，关心孩子的成长，多与孩子进行交流和沟通，节假日可以和家人一起度过，做一些促进家人情感的事情，如外出旅游、看电影、运动等。只要长期坚持，就会逐步改善自己与同事和家人的关系，并能从中体会到乐趣。

2. 审视自己是否将工作当成了唯一能够证明自己价值的方式

在现代生活中，竞争压力较大，追求工作上的成功成为许多人的奋斗目标。如果属于这种情况，则需要适当调整自己的心态。人的时间和精力都有限，人生活的意义体现在工作、生活、休息、娱乐等各方面，这些都需要均衡安排、有张有弛。一味追求在工作上证明自己，忽略了生活和其他方面，可能会给自己及家人带来伤害。同时，也要理性看待金钱、权力、荣誉等，避免陷入对这些外在之物无止境的追求当中，以致耗费了自己所有的时间、精力、健康甚至生命。而且，如果只把生活的意义定位在追求对这些事物的满足上，一旦期待的结果不能实现，必然会让自己感受到巨大的失落和不满，从而损害人的健康，让人陷入空虚和痛苦当中。

三、心理辅导——怎样改善"工作狂"超常投入的问题

改善"工作狂"超常投入问题的关键点是：调整观念，开阔视野，学习发

现和享受乐趣。

"工作狂"的产生有各种各样的原因，根据其产生原因进行相应的调整和改善，就可能转变超常工作给人带来的困扰。

（一）学习发现和享受生活乐趣

习惯于超常工作的人不妨尝试改变自己的工作和生活方式。例如，如果自己总是利用休息或娱乐的时间工作，那就试着在休息日"偷偷懒"，不要工作，并要找到"偷懒"的乐趣。刚开始可以有意识地留意一下身边的事情，以案例中的老乔为例：可以和孩子聊聊在学校的情况，问问孩子在学校都发生了哪些有趣的事；也可以陪着爱人做家务，做一些力所能及的事情；或者和朋友喝喝茶、聊聊天；或者一家人利用周末的时间外出游玩，观赏美丽的风景，等等。在闲暇放松的时候要有意识地提醒自己不去想工作，学会忽视一些事情的方法。

（二）客观分析工作的理由

人在做事的时候会下意识地为自己找到理由。"工作狂"可能会经常提醒自己"我之所以不停地工作，是为了爱人、孩子和父母生活过得更好""我之所以这么拼命，是为了不让别人看不起我"等，这些都是一种习惯性的自我暗示，是为自己找的合理借口。要改善"工作狂"的状态，就需要下决心改变诸如此类的心理暗示或习惯性的借口。"工作狂"可以提醒自己，工作的目的究竟是自己愉快、幸福，还是苦不堪言，如果超常投入工作已经损害了自己的家庭生活，那更要反思自己是不是已经做了得不偿失的事情。

（三）培养成熟的心态和正确的工作观念

在工作中保持热情和积极性是一个人应该有的态度，但是凡事不能走极端。在社会生活中，一个人常常会面对许多复杂的社会关系，要处理各种各样的事情。能不能合理安排自己的时间，妥善处理好包括工作在内的各种事情之间的关系，也是衡量一个人生活能力的重要标准。因此，建立对工作、学习和生活的正确观念，端正心态，在积极努力工作的同时，也能拿出一定的时间和精力，认真对待家庭生活、夫妻关系、子女教育等方方面面的问题。一个人是否能够理解并适应自己所承担的各种不同的社会角色，能不能做到合理分配时间，是否善于协调和处理各方面的问题，这是衡量其心理是否成熟、是否具备承担各种社会责任的重要标志。

四、小结

据有关研究统计，无论在西方还是在东方，"工作狂"的人数都在不断增加。在过去的10年中，美国的"工作狂"增加了5成，日本的增加了7成，中国的增加了至少4成。以前，在日本、中国等许多国家的词典中，"工作狂"均被列为褒义词，多数组织机构鼓励员工成为"工作狂"，希望他们能够"忘我工作"，因为这样能为组织机构带来巨大的效益，而且也为其他员工树立了榜样。但科学家研究发现，"工作狂"和酗酒一样，它其实是一种病症。现在很多人正在遭受这种病症的困扰，这样的状态对人的身心健康、家庭生活等都产生了不小的损害。

妥善处理工作和生活的关系，保持各种关系的平衡稳定，这对一个人的事业发展、家庭幸福、身心健康等都有积极的意义。工作中要做到张弛有度，在紧张工作之余，应该能够保持正常的休息、娱乐和运动，能够留出一定时间与家人和睦相处，这样做才有利于人的长远发展。

第三章
人际交往中常见的心理问题

【问题表现一】如何客观看待他人评价

在人际交往中，评价他人和被他人评价是很常见的现象。一般来说，正面肯定的评价会让人感到自信和愉悦；相反，负面否定的评价则可能让人感到沮丧、愤怒、委屈和不自信，在心理上产生许多困扰。人际关系的好坏，常常与交往双方之间的评价紧密相关。由于每个人的个性不同，认识观念和行为方式也各有差别，而且每个人在复杂的社会生活中会不可避免地受到各种主客观因素的影响，因此在评价他人时难免会出现这样那样的偏差。毋庸置疑的是，他人的评价往往会对被评价人产生影响，也关系到人与人之间的信任和人际关系的质量。那么，该如何客观看待他人评价，为什么有些评价会引起人激烈的情绪反应？我们通过具体案例来加以分析。

一、案例呈现

小肖从地方大学毕业后选择了入伍从军，成为一名军人。他在基层工作两年后，由于各方面表现出色，被调到机关从事宣传工作。小肖个性开朗，勤快肯干，多才多艺。他刚到机关工作时热情很高，什么事都主动抢着干，领导交代的任务总是提前完成，效果也不错，很得领导赏识。但渐渐地，小肖发现同事们开始疏远自己了,有些人还经常当着他的面说些不着边际的话。一次单位开民主生活会,大家进行批评和自我批评,会上有人表扬小肖做事认真积极,工作热情高,但也有人批评小肖做事欠缺思考,程序混乱,组织不力。

小肖原以为自己表现不错,听了几位同事的批评,虽然当面没有表示什么,但内心的觉得很委屈、很沮丧,也很愤怒。他想,平时这几位同事就看自己不顺眼,横挑鼻子竖挑眼的,这一定是他们在故意找碴儿。

小肖感到很郁闷,情绪受到了影响,工作的积极性也被打击了,有一阵子他表现得很消沉。一位平时比较关心小肖的年长战友察觉了他的变化,问他是不是遇到了什么事情。小肖很信任这位老战友,便实话实说,诉说了自己的不解和委屈。这位老战友听完后,提醒他注意反思一下,看是不是在工作中有疏忽的地方,建议他以后多向身边的同事请教。

小肖听了老战友的话后,仔细回想了一下自己以往的做法,察觉自己确实存在自行做主、特立独行的情况。尤其对那几位爱在自己面前说风凉话的同事,小肖因为觉得心里不舒服,所以经常会有意识地回避他们,不愿跟他们打交道,结果导致彼此的关系越来越疏远。进行了一番自我反思和客观分析之后,小肖看到了自己的问题所在,心里的郁闷似乎也缓解了不少,他开始思考自己今后该怎么做。

二、心理解析

(一)在意他人评价的心理原因

1. 人是在他人评价中确定自我存在的

从一个人的心理发展角度来看,人们对自我的确定通常是以外界和他人的评价作为重要参考的。根据心理学中的"投射心理"的解释,他人评价是人们认识自我的一个"镜像",即他人就像一面镜子,其中能映照出自己的形象,并由此形成"我就是这样的人"的观念,他人评价往往影响甚至决定着一个人自我观念发展的走向。例如,有的人由于小时候经常被大人指责"你怎么什么都做不好"，于是逐渐形成了"我是一个很没用的人"的自我观念，从而成长为一个没有自信的人；有的人因为经常得到别人的夸赞和肯定，于是便形成"我是一个有价值的人"的自我观念，从而变得自信。

可以观察到的是，那些在意他人评价的人往往是上进心很强的人。案例中的小肖，他内心希望得到同事的正面评价，这是他自信心的重要来源，也是他肯定自我的重要佐证；而从那些负面否定的评价中，得不到他想要的印证，还会打击他的自信心。

2. 心理冲突的来源

精神分析学派将人的意识分为意识和潜意识。在意识层面上，人们希望得到外界和他人的认同，希望自己有价值、获得尊重，所以在行为表现上会按照外界要求和社会规则去做，以期符合社会和他人的标准，获得认可。肯定的评价意味着自己被接纳和被认可；否定的评价则意味着自己不被接纳和不被认可。这样一来，为了获得积极肯定的评价，人无疑要努力表现得符合社会和他人的评价标准。

但是在潜意识层面上，人们做自己真正想做的事情，会更倾向于按照自己的意愿去反应和行动。例如，别人反对的、不认同的，人如果觉得自己并没有错，就会偏要去做。这种潜意识的力量通常很强大，会在不自觉中影响人的行为。但如果外界和他人的力量足够强大，那么这个人就不能按照自己的意愿为所欲为，这样一来，就会在其内心形成剧烈的矛盾冲突，其潜意识里就会压抑许多情绪和本能冲动。

3. 人际矛盾的原因分析

小肖是一个自信、有主见的人。他的工作能力很强，领导也很认可，这样一来，就更强化了他的自信；但是他有意无意地忽略了这样一件事：许多工作如果多人合作，做起来会更顺利、更高效。小肖也觉得有许多工作需要帮手，自己一个人做起来力不从心，但是他不太习惯寻求他人的帮助。小肖自己分析原因，一是怕给别人添麻烦；二是有时偶然求助时被拒绝，他感到有些失望，于是便选择自己一力承担。

这样做，即便完成了任务，从小肖的角度看，他投入的时间和精力都是超负荷的，从长远看也是利弊各半；从其他同事的角度来看，有些事同事们插不上手，帮不上忙，发挥不了作用，时间长了，大家自然会对小肖有看法和意见。这样一来，小肖工作中一些不可避免的小问题，也会被对他有意见的人拿来作为否定、批评他的理由。

好在小肖个人能力的确很强，多少弥补了他在处理与同事之间人际关系上的不利之处。但对小肖来说，要想获得全面发展，他有必要弥补自己在人际关系处理上的弱点和不足。

（二）他人评价对人心理的影响

生活中各种事例表明，他人的评价和态度会给人的心理带来各种各样的影响，会对一个人自我观念的形成及心理成长起到很重要的作用。

1. 积极中肯的肯定性评价促进心灵健康成长

对于成长中的青少年儿童来说，来自父母、老师、朋友等生活中的重要他人的各种评价性语言，对其心理往往起着很重要的影响作用。一般而言，积极的、客观而中肯的评价能够帮助一个人建立和巩固自信心，促进情绪情感的稳定成熟和心理的健康发展。不过需要区别对待的是，积极的肯定性评价与虚伪或不真诚的奉承和恭维是有着本质不同的。基于事实的、恰当的肯定和鼓励，才能帮助人形成客观真实的自我观念，促进成长成熟。

2. 过度的消极否定性评价阻碍心理健康成长

消极否定性评价并不完全是坏事，它能在一定程度上提醒个人正视自己的缺点和不完美，不断修正自我。但如果经常采用消极语言评价他人，或者评价过度，就会给人带来不良影响。

例如，有些家长经常用"蠢货""废物""你不行"等词语数落孩子，这些话语都可能阻碍孩子的健康成长。

有些领导总是对自己的下属采用批评否定的态度和语言，这也会给下属的工作积极性、自信心和自我价值感带来严重伤害，从而助长弄虚作假和敷衍应付之风，使工作效率和质量下降。

同事之间不恰当的否定性评价会损害良好人际关系的建立，导致人与人之间的对立冲突、相互攻击和不信任。

因此，在评价他人的时候多一些诚恳的赞扬和肯定，少一些不当的否定和有意的打击，会有效缓解矛盾和隔阂，增加人与人之间的互信互助和融洽情感。

三、心理辅导——怎样客观看待他人评价

在意他人评价并不全是坏事，它可以帮助我们不断完善自我，促使我们的心灵获得更高程度的发展。

当然了，凡事都有两面性。如果过于在意他人评价，就成了对自我的束缚，使自己变得畏首畏尾，失去创造性，也很可能由此形成错误的自我认识。适度关注他人评价，在完善自我的同时又不失客观性和合理性，积极面对自己和他人，才是应该采取的态度。

若想让自己既尊重别人的评价，又能客观看待自我，就需要从以下几个方面来锻炼自己的心灵。

（一）客观看待他人的肯定

美国机能主义心理学派创始人威廉·詹姆斯（William James）说："人性中最深切的秉质是渴望被他人赞美、钦佩和尊重。"没有哪个人不喜欢听别人说自己的好话，但这种企图心也会给自我认识带来误区和陷阱，成为人性中的弱点。总喜欢听好话，讨厌听到真实的批评，不是什么好事情。而过于在乎他人的评价，会被别人的看法所左右，使自我的认知受到束缚，限制或阻碍自己的心灵成长。

现实生活中，在别人赞扬、肯定自己的时候，最简单自然的表现就是愉快接纳而不盲信，相信善意而不猜疑目的，适度回应并尊重别人的友好，就事论事即可。

（二）冷静分析别人的批评

人喜欢听好话，那些否定的、批评的话自然就不受人们的欢迎。不过，真诚而友善的批评的确是促进人不断成长进步的良药。批评虽不中听，但也有积极意义。如果遇到有人当面批评自己，或者听到某些人在私下说自己的"坏话"，这时该怎么做才合适呢？

听到批评心里会不舒服，第一时间就想要反驳或表达愤怒，这是最本能的反应。不过，这种反应未必是最有效、最妥帖的。如果提出批评的人是自己的上级领导，自己心里虽然不愉快，但也不敢随便说反驳的话，只好委屈和压抑自己，这也不见得是最好的处理方法。

恰当的处理方法是：尽可能以客观冷静的态度来看待他人的评价，认真想想对方说的有没有道理，再想想自己是不是的确有不足的地方，有则改之无则加勉。如果对方对你的批评的确有不妥之处，只需要直接告诉对方，讲清楚原委即可。

另外需要注意的是，别人的评价于我们自己而言只起参考作用。人贵有自知之明，自己究竟是什么样子的自己心里要有数。就像有些镜子照出的我们很漂亮，有些镜子照出的我们可能就像丑八怪一样，但总不能因此而认定自己就是最美的或者是最丑的。

如果总是对别人疑神疑鬼，担心别人议论自己，并为此痛苦不堪，自己难以摆脱，就需要像案例中的小肖一样，敢于突破心理障碍，寻求信任的人的帮助，或者找专业的心理咨询师来解决心理问题，以尽早摆脱沮丧情绪和消极心理。

四、小结

北宋文学家范仲淹在他的名作《岳阳楼记》里说："不以物喜，不以己悲。"一个人不可能完全做到不在乎他人对自己的评价，但应努力使自己做到客观看待别人的评价，对自己抱有自知之明，清楚自己的长处，也接纳自己的弱点和不足，不让别人的评价左右自己的心志，这才是客观成熟的态度。

最佳的相处之道是，人人都能做一个愿意并能够常常给予他人赞扬和肯定的人，让人与人之间多一些友善、温情和相互之间的心理支持。这需要大家的共同努力。

案例中的小肖在经历过一番思考和努力之后，与同事之间的关系得到了改善，工作状态也恢复到了以前，这是值得欣慰的变化。

【问题表现二】人际交往中缘何"出口伤人"

常言道，祸从口出。因为一句话说得不合适而造成人们之间反目成仇的例子很常见。生活中许多人说话会让人觉得是"出口伤人"，那为什么会发生这种情况呢？那些"伤人"的话究竟触动了我们心灵上的哪些敏感区？怎样的语言表达才能促进人与人之间良好关系的建立和发展？

一、案例呈现

小王是一名机关干部，从事新闻宣传工作。小王和别人相处得还不错，但就是跟和他在一个办公室的小李有些不合拍。小李比小王年长三岁，入伍时学历是大专，他爱好写作，平时也爱读书，他写的文章在单位里小有名气。小王是名牌大学毕业，专业是汉语言文学，写作能力也很强，在校学习时就在报纸、期刊和网络上发表过不少文章。小王到机关工作后，被安排和小李一起负责新闻宣传工作。小王思想活跃，写稿件思路新颖独到，文笔清新，完成速度也很快。他采写的几篇新闻稿件获得了不错的反响，还引起了上级领导的重视。小王很高兴，但他发现小李对他的态度却不冷不热。

小王开始没怎么在意小李的冷淡，但后来发生的事情让小王越来越觉得忍无可忍。小王发现小李在领导面前很恭敬，在其他同事面前说话也很周到，但是对自己就不一样，经常是一副居高临下、颐指气使的架势，而且出口伤人。有时候小王哪里做得不对，小李立刻就冲他发火，也不管有没有人在跟前，一点儿也不顾及小王的感受。这样的情况发生了几次之后，小王非常讨厌小李，不想跟他说话，也不愿意跟小李在一个办公室共事。小王曾向领导提出要求换个办公室，但领导没同意，还提醒他要和小李搞好团结。小王陷入了苦恼，不知道自己该怎么处理这种情况。

当小王又一次和小李发生冲突之后，他实在想不通，感到气愤不已。他担心自己控制不住情绪，就去找心理咨询师求助。

心理咨询师听完小王的讲述，请小王做一个角色扮演的游戏，分别扮演他自己和小李，通过模拟现实中的场景，让小王在游戏中体会站在自己的角度和站在小李的角度，对待同样的事情各自会有怎样的感受和想法。小王通过这种特殊的方法，逐渐体会到了小李的感受，也察觉到自己对小李做得不够好的地方，他感到惭愧，他以前从来不觉得自己有什么错，通过这种换位思考，他理解了小李，也看到了自己需要完善的地方，他对小李的成见和情绪，在不知不觉中化解了。

二、心理解析

（一）"出口伤人"的心理原因

1. 成长中的创伤记忆

根据心理学相关理论，受伤的感觉通常与成长经历中的某些创伤性体验密切相关。例如，我们看到别人的手指被玻璃划伤了，流了血，自己心里也不禁会感到疼痛，这是因为你也曾经有过类似受伤的体验，眼前看到的情景唤醒了过去的疼痛记忆。别人说的话我们不爱听，觉得那些话是对我们的指责、攻击或怀疑，这些感觉有可能是童年时期感受过的被指责、被攻击、被怀疑的痛苦体验。

咨询中小王提到了自己童年时的经历：上小学时，他经常被年龄大的顽劣孩子欺负，爸爸也会因此责骂他性格软弱，只会哭，不敢动手还击。那时候他觉得自己很窝囊、很屈辱，看到欺负他的人很愤怒，但也很无助，感觉自己孤立无援，没人能帮助自己，这种经历给他留下了很深的印象。现在小李对他满不在乎的样子和颐指气使的态度，唤醒了他童年时感受到的愤怒和屈辱的情绪，触碰到了他心灵上的伤疤，让他下意识地把小李和小时候欺负他的那些小孩子联系在了一起。

2. 性格弱点

案例中的小王是一个自尊心很强的人，他很在乎自己的面子和尊严，这既是他的优点，也是他的弱点，是他情感上的脆弱之处。同事小李对他的态度让他觉得自己被无视，没有得到应有的尊重，所以他感受到了伤害和痛苦，心里有愤怒和不满的情绪。但理智告诉他，小李毕竟是自己的同事，他不能直接对抗小李，又缺乏合适的应对之策，只能采取回避和疏远的办法，心理上很压抑。

（二）心理"敏感点"及处理情绪的方式

每个人的心灵世界都可能存在未被察觉的"黑洞"，这些"黑洞"也是人情绪的敏感地带。在乎面子的人往往内心比较自卑，渴望被人尊重。那么，不被尊重就成了是他的心理"敏感点"，会激起他很大的情绪反应。

不同的人有不同的情绪处理方式，有的人是直接表达，有的人则习惯压抑。前者表达不当会引起人际冲突，后者则可能通过拒绝和退避行为来表达自己的不满和愤怒，这两种方式都会导致人际关系紧张。

案例中的小王和小李其实都有着相同的心理弱点，两人内心深处都有自卑感，也都想通过工作中的成就来证明自己的价值，获得他人对自己的尊重。小王虽然年轻，但学历高、表现突出，这无疑对年长且学历较低的小李造成了威胁，损害了他的面子和地位。在小李看来，恰恰是小王无视他的存在，让他很没面子，所以他才会看小王不顺眼，出口伤人。

三、心理辅导——怎样改善人际关系

（一）看清自身弱点，理解他人需求

人际关系的交恶，常常源于互不理解和互不信任。每个人都有自身的弱点和不足，如果一个人只看到别人的不足，却意识不到自己心理上的弱点，只关注自己的想法，却忽略了别人的需要，就会在人际关系中陷入恶性循环。"知人者智，自知者明"，如果能够对自己和他人都有清醒理智的认识，就能更加客观地看待人际关系中遇到的问题。实际上，每次人与人之间的冲突都是促进自我学习和成长的良机，那些令我们不舒服的人和事其实也是在帮助我们更清楚地了解自己，让我们看到并反思自己身上还存在哪些不足。

从根本上来说，我们与每个人的关系，实际上反映的是我们与自己的关系。我们的内在是什么，就会被什么样的人吸引，我们对外排斥什么，对内也就不接纳什么。那些我们能够与之愉快相处的人，正是反映了我们喜欢且接受的内在自我；那些我们不喜欢的人，也反映我们不愉快且不接受的内在自我。一个有控制欲的人，除非其内在的空虚得到填补，否则就不可能放下别人，也难以解放自己；一个满怀怨恨的人，除非其内在愤怒的情绪得到纾解，否则就不可能停止怨怼；一个爱嫉妒的人，除非其内在能找到自信，不再与人比较，否则就不可能停止嫉妒。

对于案例中的小王来说，他需要反思自己在与小李相处的过程中是否存在没有顾及对方尊严的时候，同时也要仔细分析自己对小李产生愤怒情绪的深层原因，把归因于他人转变为从自身查找不足和弱点，找到自己应该承担的责任，并勇于做出改变，在工作中尊重小李的意见，多学习小李的长处和优点。

对小李而言，他也需要调整自己的认知，改变自己的态度和做法，对小王平等相待，理解和宽容小王平时的粗心和失误，帮助小王慢慢成长进步。只要两人都能设身处地站在对方角度的考虑问题，尽可能以彼此都能接受的方式进行相处，那么改善关系也就不难了。

每个人外在的言行举止都是他内在思想的呈现，我们与他人形成的关系，也呈现出我们的内在自我。如果一个人自己的内心冲突不断，那么他也会经常与别人发生冲突；如果一个人自己内在的情感挣扎困扰，那么他也会在与别人相处时感受到情感上的困扰。因此，要改善有问题的关系，就需要进行深刻的自我反省，要看清自身存在哪些弱点，同时也能理解并顾及他人的感受。

（二）自我分析方法

我们可以从以下几个问题着手，进行自我分析和检视。

1. 当你指责我时，我的感觉是怎样的

在被人指责的时候，我们可进行以下分析：

（面对指责）

我感到愤怒？

恐惧？

失控？

困惑？

……

闭上眼睛，体验这些情绪，然后分析它们究竟来自何处，在分析中看清自己内心所害怕的、担忧的、不能面对的东西，并接纳所有。

2. 你的指责反映了我的哪个自我

我是——

自私的？

恐惧的？

怀疑的？

不敢大胆去爱的？

……

如果辨析清楚了以上这些，那么只需要接纳确实存在的事实，承认自己的弱点和不足；那些并非事实的部分，原本与自己无关，自然也就没必要当真。

小王在咨询过程中认识到自己观念中存在的误区和情感上的弱点，明白了自己的不足，对同事小李也多了一些理解和宽容，情绪上也不再像以前那样激烈了。他开始尝试改变自己的态度和方法，争取和小李改善关系。

四、小结

人的心灵好比是湖水，一阵风来，一粒石子投入，都可能在湖面上荡起涟漪，甚至掀起波涛。但如果我们的心灵世界足够开阔，能够时时以善意和慈悲之心看待世间万物，就能平复心底的汹涌暗流，平和地待人处事。

人之所以感受到被伤害，内在因素源于心灵的脆弱，或因曾经历过的伤害记忆被当下情境激活。生活是一场历练，在不断历练中，人的心灵逐渐变得柔韧强大。每个人都需要在生活中不断磨炼自己，最终走向成熟。

当一个人能够真正接纳所面临的一切事物，能够冷静客观地看待周围的人和事，理解和包容与自己不同的人，人与人的隔阂、误解和怨恨就会减少许多。内心安详强大的人，不但能保护自己不受伤害，也能带给周围的人安全和温暖的感觉，成为值得他人信任和依靠的人。

【问题表现三】如何克服怯场心理

在人际交往场合，许多人会出现怯场的现象。例如，有人在重要场合发言时会张口结舌、说不出话来；有的人一紧张就说错话；有的人会心跳加快、面红耳赤、流汗、尿急、尿频等。在心理学中，怯场的表现可归为"社交恐惧"反应的范畴，是人在交往中紧张焦虑的情绪表现。怯场在许多人身上都有发生，通常不影响正常的工作、学习和生活，经过一段时间的环境适应和自我调整就能缓解。如果这种紧张焦虑的情绪反应比较严重,甚至影响了自己正常的工作、学习和生活,就需要接受专业心理治疗了。

一、案例呈现

小陈入伍两年,平时话不多,人很老实,一说话就脸红。有一次连里组织演讲比赛,小陈被战友们推选为参赛队员。为此,小陈犯了难。小陈找到指导员,吭哧半天才说清楚自己的顾虑和想法:原来,小陈一直有一个心理弱点没有克服,就是在人多的场合会怯场,紧张流汗,张口结舌,脑子里一片空白,什么话都说不出来。他担心这次演讲比赛自己会搞砸,因此想要退出比赛。

小陈平时就不喜欢人多的场合,在那种场合,他会觉得不自在,不知道自己该怎么做、该说什么话。平时连里开会或组织集体活动,他不好不参加,但参加时从不说话,别人让他说话时,他就会脸红脖子粗,半天什么也说不出来。小陈说自己最怕的是开会时被叫起来当众发言,那种场合对他而言简直就是受罪。时间久了,大家都知道了他这个特点,也就没人勉强他。小陈自己觉得和周围的战友、领导打交道也很困难,不知道该怎样和他们说话、该说什么话。为了避免尴尬,小陈尽可能减少和别人打交道的机会。不过,小陈也担心,再这样下去自己会不会越来越封闭?他也想改变自己,但不知道该从何做起。

指导员了解小陈的顾虑,但仍然鼓励他参加比赛,并建议他把比赛看作克服自己心理弱点的一次机会。为了帮助小陈克服心理障碍,指导员还帮小陈找到了一位心理咨询师,请心理咨询师从专业角度帮助小陈。心理咨询师为小陈设计了针对性的脱敏训练方法,结合催眠暗示技术,在经过几次咨询之后,帮助小陈克服了怯场的问题。最终,小陈战胜了自己,走上了演讲比赛的讲台,并且取得了第三名的好成绩。

二、心理解析

怯场的心理原因有如下几点。

（一）成长经历对个性的影响

导致怯场的原因主要是心理上的紧张与恐惧。心理上的紧张与恐惧来源于成长过程中的创伤经验而形成的心理阴影。咨询中了解到，小陈从小就比较听话，性格内向。上小学时，有一次被老师叫到讲台上听写生字，小陈没听清楚写错了字，惹得同学们哈哈大笑，小陈尴尬得满脸通红，自那以后就很怕被老师叫上讲台。小陈的父亲是军人，母亲是中学老师，对他的要求都很严格。小陈学习成绩好，大学毕业后原本想考研，但父亲认为小陈性格太弱，建议他先参军入伍，锻炼锻炼。入伍后小陈感觉自己很不适应部队的生活，他一有时间就看书学习，平时沉默寡言，与战友之间的来往也不多。

从心理分析的角度看，小陈在人际交往中的紧张感与他上小学时的那次写错字被同学嘲笑，以及父母对他的教育方式都有密切关系。尤其是写错字的经历，已经成为小陈心理上的"扳机点"，影响着他成年以后的人际交往活动。此外，家庭教育环境也是小陈性格形成的重要影响因素。父母对小陈都比较严格，平时批评得比较多，肯定和鼓励得比较少，一旦他做了什么错事，往往会受到很严厉的批评。小陈说自己小时候很少看到父亲的笑容，看见父亲就会感到害怕。长此以往，小陈的内在自我被强制压抑，逐渐形成了退缩内敛型的性格，他在心理上不自信，即使做什么事取得了不错的成绩，也总是担心自己做得不够好，在人多的场合更是缺乏信心和表现自己的勇气。

（二）怯场源于心理上的不成熟

怯场表现为在人多的、公开的场合时感到担心害怕，这是一种心理不够成熟稳定的表现。心理成熟的表现之一是一个人能够较好地适应他所处的环境，社会化程度较高。一个人的人格成长与其社会化程度密切相关，人的成长过程就是完成社会化的过程。社会化进程顺利的人,能够逐渐适应复杂的社会生活,实现社会所要求的各种角色的转化,掌握各种生活知识和技能,成为真正意义上的成年人。相反,社会化程度受到阻碍,个体的心理发展就可能受阻,可能会在某个成长阶段停滞下来。

社会化程度与个体的角色适应密切相关。案例中的小陈在人多场合的紧张心理,与他还没有完全实现社会角色的转化和适应有关。从年龄和客观环境上看,工作后的小陈应该逐渐转变到成年人的心理状态,但实际上他的心理还没有完全脱离家庭生活对他的影响,尤其在人际关系方面,那些有一定权威的领导给他的心理感受形同当年严厉的父母给予他的感受,会引起他本能的回避性反应,让他习惯性地退回"孩子"的状态来应对,沿袭以前和父母相处的方式,这是心理发展停滞在幼年阶段的不成熟的表现。

(三)紧张源于自信心不足和自我贬低

怯场的实质是害怕出丑,出丑意味着被当众否定。经常性地被否定则会使自我价值感降低,丧失自信心。小陈上小学时被同学当众嘲笑过,其自尊心受过伤害,这件事对他有很深的负面影响。在家庭教育中,小陈被父母表扬肯定得少,被批评指责得多,这在很大程度上影响了他对自己的自我价值判断,形成了"我不够好""我总会出错"的不合理认知,使他习惯于自我贬低和自我否定,做事时缺乏自信,因担心失败而紧张不安,甚至选择放弃或逃避。

三、心理辅导——怎样克服怯场心理

(一)调整不合理的认知观念

人的行为方式往往是受一定的认知观念的影响,观念指导行为。在各种观念中,常常有一些扭曲了的不合理的认知观念,成为心理和行为问题产生的根源。倡导认知行为疗法的美国斯坦福大学教授大卫·伯恩斯提出了认知扭曲的 10 种形式:全或无思维、过度概括、心理滤除、优势打折、妄下断语、夸大与缩小、情绪推理、应当模式、贴标签、自责与他责。这些扭曲的或者不真实的认知观念让人产生消极情绪，甚至烦恼。例如，求爱遭拒之后，有的人会告诉自己"是我不好，我不讨人喜欢，我再也不可能爱上别人了"，等等。这些感觉很糟糕，他们的想法好像也完全正确；但实际上，几个月之后，他们会重新认识别的女孩子，会开始新的恋情，他们对自己的良好感觉会重新出现。许多人都有这样的体验：当时陷在某件挫折性事件带来的痛苦体验中不能自拔，但时过境迁之后再回忆往事，会觉得云淡风轻，原因就在于当时的认知观念发生了歪曲。

基于上述的心理原理，当一个人察觉自己陷入情绪低谷的时候，可以检查一下自己的想法和观念，找出那些扭曲的认知加以调整，就可以摆脱消极情绪的困扰。怯场的情况发生时，可以反省一下自己是不是有类似"我不行，我不会讲话，别人会嘲笑我，我会表现得很糟糕，我的话别人不会感兴趣"等的歪曲而不真实的观念，如果有可调整为"我可以试着讲讲我想好的话，有人会感兴趣，我的表现可能没有想象的糟，我应该允许自己犯错，出错没什么大不了"等，以减轻内心的焦虑和恐惧，让紧张的情绪稳定下来。

小陈在心理咨询师的帮助下，对自己怯场的原因进行了全面的回顾和分析，逐渐明白了自己这一心理障碍的成因，也找到了尝试克服的具体方法。

（二）学习识别并处理当下的情绪

怯场有相应的情绪反应，感到怯场时，应先进行内省和自我观察，体验自己的情绪状态，辨析自己紧张、焦虑、恐惧等情绪的程度和具体指向，再针对具体情绪进行调节。

例如，梳理清楚自己究竟在担心什么、害怕什么、是什么让自己不安，分析这些紧张不安的情绪和自己的认知观念有怎样的关联，如果换一种视角，会不会缓解紧张感，等等。

小陈在心理咨询师的帮助下，通过进行上述心理分析，对自己的情绪进行了系统梳理，厘清了自己内心的真实感觉，增强了控制情绪的自信心。

（三）练习转变行为方式

怯场可能是一种习惯化的行为反应，即本人会下意识回避令自己不安的场合。这实际上是形成了一种退避的行为模式。可以通过转变行为方式来抑制习惯性的退避行为，建立新的行为模式。例如，提醒并强迫自己加入一些人多的场合，尝试在会议上发言，通过多次尝试，减少紧张不安的情绪，增强自信心，打破原来的心理界限，促进自我心理成长。

小陈认识到自己应该做一些尝试和突破，他通过参加一些集体活动来逐步降低紧张感，增加适应能力，直到克服自己怯场的心理。他逐渐打消了自己想要退出演讲比赛的想法，开始认真准备发言稿，并愿意在指导员和心理咨询师的帮助下，勇敢迎战这次演讲比赛。

四、小结

怯场在有完美主义倾向的人身上最为常见，完美主义者不允许自己失败或者在他人面前丢脸。在真正失败之前，他们就已经想到了有失败的可能性，但同时又想追求完美，于是会变得极度紧张。

此外，怯场发生的原因可能与幼年时的痛苦经验有关。这些痛苦经验给心灵造成了伤害，就像案例中的小陈，他因为小时候一次上讲台听写时写错了字，遭到同学们的嘲笑，由此对社交场合及失败产生恐惧心理，这种不愉快的记忆被抑制在了潜意识中，对人的行为产生持续的影响。

怯场的原因还可能是过于在意自己在他人眼中的形象。一般怯场现象多发生于青少年身上，其原因就在于青少年时期正是形成独立自我、构建新型人际关系的时期。这个时期人往往是通过他人的肯定来确定自我价值的。所以，帮助青少年正确看待自己、正确认识他人评价，能够有效缓解社交中的恐惧与焦虑情绪，减轻怯场反应。

如果在他人面前过于紧张，与他人接触感到痛苦，有严重的怯场反应，影响正常工作和生活，就有可能被视作"社交恐惧症"——一种神经症类型，这需要进行严格的鉴别诊断，确诊后应接受专业的心理治疗。

【问题表现四】如何克服对权威的畏惧心理

不少年轻人都有过这样的体验:害怕看见领导等有权威的人。他们在领导面前总是不由自主地感到紧张、浑身不自在,不知道该怎样表现自己,该说什么话,总觉得无所适从。

一、案例呈现

23 岁的小孙入伍两年多。小孙性格安静温和,和战友相处得很不错,但是小孙自己心里面藏着一个秘密。一次,单位组织心理健康教育讲座,讲课结束后,小孙主动联系讲课的心理咨询师寻求帮助。

小孙告诉心理咨询师,他多年来有一个很大的烦恼,就是最怕见到当领导的人。平时在路上远远看到有单位领导过来,小孙能躲就躲。如果哪次不小心碰到了某个领导,他就不由自主地感到紧张,手心冒汗,面红耳赤,话也不会说,路也不会走了。小孙刚入伍时在新兵营,一次,一位上级领导到新兵营检查工作,新兵列队迎接。上级领导走到小孙面前时,随口问了他一些问题,当时小孙紧张得脑子一片空白,一句话也答不上来。领导并没有说什么,但小孙觉得自己很丢人,每次想起来都觉得特别难为情。

小孙说自己与其他人相处都挺正常的,就是害怕见到当领导的人。他不明白自己究竟是怎么了,也很想克服自己这个"毛病",希望心理咨询师能帮帮他。

心理咨询师帮助小孙详细分析见到领导等权威人物时的内心感受,通过回顾他的成长经历,剖析心理根源,澄清他内心深处的矛盾冲突,同时仔细辨析隐藏在紧张情绪背后的不合理认知观念,并逐一纠正。经过一段时间的咨询,小孙感觉自己发生了明显的变化,不再像以前那样在领导面前局促不安,甚至可以在有领导在的场合公开谈论自己的想法,他觉得自己有了了不起的进步。

二、心理解析

（一）害怕权威的心理原因分析

1. 外在评价影响自我观念和自尊心

害怕陌生人是每个人天生就有的自然本性。对于羞怯内向的人来说，这样的本能反应就更明显。青少年时期是自我意识及自我观念迅速发展的重要时期，这时青年人开始对自我进行观察、评价，同时也渴望与人交往，关注别人对自己的看法，他们往往很在乎自己留给别人的印象，头脑中很容易形成"我一定要让对方满意""我的举止很难看""我会不会失态"等自我偏见。怀着这样想法的人，在人际交往中很难保持平和的心态。他可能会为自己在别人面前说错话而自责不已，可能会因为在乎别人对自己的看法而紧张不安，人际交往中的焦虑情绪特别明显。特别是在与对自己来说有一定意义或比较重要的人打交道时，他们的顾虑就更大了。他们的内心渴望得到对方的肯定，但又缺乏自信，因此会产生紧张不安的心理，而且越是在意，就越容易紧张。案例中的小孙有很强的自我意识和自尊心，他内心特别在意别人对自己的看法，尤其在领导面前，总是担心自己给领导留下什么不好的印象，"怕见"领导的现象实际上反映了小孙想要获得权威人物认可和肯定的内在心理需求。

2. 与生活经历有关

在每个人的经历中或多或少都有一些对自己产生重要影响的事情，并因此形成特定的心理体验和情绪记忆，心理分析把这种情形称为"扳机点"。小孙回忆自己曾经有过在领导面前失态的经历，当时的紧张感和沮丧情绪成了一种深刻的情绪记忆，在以后想起那时的情形或者遇见领导时，他都会条件反射地出现同样的紧张、不安等焦虑的情绪反应。

3. 交往经验不足

在人际交往场合的确需要学习和掌握一些必要的社交技能，需要积累交往经验。通过一次次的交往练习，逐步培养自己的沟通表达能力，对他人的理解能力，以及如何以适当方式表达自己的沟通技巧等。如果缺乏这方面的经验和技能，在社交场合自然会不知所措，从而产生紧张情绪。缺乏交往技能与一个人童年时期的生长环境也有关系。如果过多地限制儿童和同龄伙伴来往，让孩子在孤独的环境里长大，就让他失去了社交锻炼的机会。

（二）害怕权威客观的外部因素

客观的外部因素亦会影响人际交往中的心理状态和情绪反应。一是环境因素的影响。军人注重行为规范和礼节礼貌，遇到上级领导，小孙作为下属尤其注意自己的言行，生怕给领导留下不好的印象，还担心哪里做得不好遭到批评。小孙本就拘谨紧张，与人打交道比较羞涩胆怯，在领导面前更害怕说错话、做错事。二是领导言行态度的影响。下属与领导打交道是否会感到紧张害怕，还与领导者个人的言行风格和态度有关。如果领导性格比较随和，平易近人，善于鼓励，能够在很大程度上缓解下属的紧张情绪；如果领导过于严肃，不苟言笑、习惯批评人，下属的紧张感就会增强，心理压力增加。总之，和谐融洽的人际氛围和平等尊重的上下级关系，有利于缓解下属在上级面前的紧张感。

三、心理辅导——怎样缓解在领导面前的紧张感

（一）学习交往技巧

要克服在领导面前的紧张，平时需要多做一些必要的交往练习。例如，经常与自己的领导进行沟通交流，增加彼此的熟悉感，减少紧张感；与人多接触、多打交道，观察和学习其他人与人相处的技巧和方法，经常练习语言表达能力等。

（二）适当降低期望

在领导面前，作为下属自然会希望自己表现良好，能给领导留下较好的印象，这种想法很正常。但是如果期望过高，过于苛求自己，希望自己表现得完

美无缺，反而会给自己带来不必要的压力和负担，结果导致事与愿违。因此，不妨提醒自己适当降低期望和标准，不苛求自己，尽可能在他人面前真实自然地表现自己，只要能够合理对待自己的表现，自己在与人交往中就能放松下来，表达自如。

（三）提高自信心

提高自信心可以从两个方面去做：一是减少对自己的否定性评价，如"我不行""我表现很差"等；增加对自己的肯定性评价，如"今天我表现得还不错""我对自己比较满意"等。二是多参与集体活动，主动与他人聊天、讨论，持之以恒去做交往练习，慢慢就会提高交往中的自信心，克服紧张害怕的心理。

（四）进行放松训练

可以学习并掌握一些放松的方法，平时多加练习，如深呼吸法、静坐冥想法、躯体放松法等。利用空闲时间坚持进行躯体和心理的放松训练，结合积极的自我暗示，并养成习惯。放松练习能够帮助自己缓解人际交往中的紧张感。

在心理咨询师的帮助下，小孙逐渐理解了自己见到领导就害怕的心理原因，找到了紧张情绪产生的根源。在心理咨询师的指导下，小孙进行了人际脱敏训练和认知观念调整，学习掌握了放松情绪和进行积极心理暗示的方法，为自己制订了日常训练的计划并勤加练习。一年后，小孙明显感到自己在与领导打交道时，不再像以前那样紧张不安了。

四、小结

人们对于特定对象或者特定事物的紧张、害怕心理通常与个人成长经历密切相关，有着深层次的心理原因。克服恐惧心理，需要深入认识自己，搞清楚恐惧背后的心理机制，正视并接纳自己的弱点，在认识和思考中不断增强自己的自信心，让自己逐步走向成熟稳定。心理上成熟自信，在人际交往中就能做到从容不迫、真实自然。因此，要想摆脱在与人打交道时的紧张心理，首先要能够了解和理解自己，找到并克服自身的心理弱点，提高自信心，能够做到彻底放下阻碍自己与人正常交往的心理负担，这样才能消除紧张感，提高交往质量。

【问题表现五】如何看待心直口快的人

心直口快、直言直语常常被许多人认为是心地坦诚真实、不虚假的性格优点。的确，心直口快的人有其可爱之处，不过在复杂的人际关系中，如果不分场合、不看对象，只顾自己心直口快、直言直语，很可能会导致人际关系中的矛盾冲突和隔阂。

一、案例呈现

小周是一名机关干部，在进入机关工作之前，他做的是专业技术工作，小周做事很认真、很负责，性格直率，说话心直口快，脾气也很犟。平时小周如果看到谁的什么事做得不好，会当着大家的面指出别人的不对，经常搞得别人下不来台。

一些了解小周、平时关系也不错的同事劝他，说话不要太直接，尽量委婉一些，要不然容易得罪人。小周觉得自己没有私心，是就事论事，并没有做错什么。可是后来，小周发现别人都有点躲着他，有意和他保持距离，不愿意接近他。小周心里很不舒服，他不明白自己究竟哪里做得不对。

由于郁闷难消，小周找到心理咨询师求助。在心理咨询师的帮助下，小周意识到自己说话直接会给人际关系带来消极影响，他开始反思自己，尝试去体会别人的内心感受，并练习逐渐改变自己的说话方式。

二、心理解析

（一）心直口快的心理原因

说话简单直接，这种现象一般在年轻人及交往经验不足的人身上较为多见，这与人对生活的复杂性及对他人心理的认识和理解相对简单化、表面化相关。习惯这样说话的人很少顾及他人的感受和想法，往往是看到什么、想到什么，就脱口而出。心直口快未必全是坏事，但是在人际交往中，不分场合的心直口快可能会给自己带来意想不到的麻烦。

心直口快是一种性格特点，有这种性格特点的人常常也会表现出非黑即白的二元观念，如认死理，对就是对，错就是错，他们相信自己握有真理，是出于公心，认为自己真实、不虚伪，坚持认为自己心里怎么想就怎么说是坦诚的表现。这样的人在人际关系中常常不受欢迎，因为容易伤人面子，让人感到尴尬，使人心里面不舒服，又不好反驳，便只好躲着他，和他保持距离。

（二）心直口快给人的内心感受

案例中小周之所以感到烦恼，就是因为自己一贯的直言直语给别人带来了不舒服的感受，造成了他与别人的情感隔阂。在他当众指出别人的错误时，实际上对方听到的是批评和指责，有被否定、被贬低的感觉，这会伤害人的自尊心，引起人的反感和不满情绪。

需要注意的是，在大是大非问题上，观点明确、坚持原则、不含糊其词，是没有错的。而在日常生活及人际交往中，就需要顾及他人感受、保护他人的自尊心。如果不注意说话技巧，一味直来直去，简单化处理事情，就可能导致人际误会和隔阂，具体表现为以下几点。

1. 易于激怒他人

心直口快的人之所以常常不受待见，大多是因为他所说的话让人感到不舒服和不愉快，引起了不满、愤怒等负面的情绪反应。同样一件事，每个人的理解都有可能是完全不同的。而人们对事物的看法，常常是基于个人的理解，是从自己的角度出发考虑问题，看到的也可能只是事情的某个部分。所以在对他人所做的事发表意见时，如果仅从个人角度出发，理解不了别人的想法，看不到事情的全貌，就有可能做出不恰当的判断，说出不恰当的话，这无疑是对别人的否定，会让人感到不满和愤怒；即便你说的是对的，对方出于自尊需要和自我保护的本能，心理上也会感到排斥和反感。所以，心直口快常常会导致人际关系上的疏远和隔阂。

2. 容易被人利用

在复杂的社会生活里，人们在相处过程中会涉及许多利益冲突。有时思想简单、心直口快的人很容易成为别人利用的工具，让自己陷入各种是非漩涡当中，不但给自己惹来不必要的麻烦，也可能会伤害到无辜的人。

3. 损害人际信任

心直口快不能简单地与坦诚等同。不分场合和时机、在未充分了解情况时便轻率地下结论，批评指责他人，是心理幼稚不成熟的表现。这样的心直口快带来的后果是伤害人的自尊，破坏人与人之间的信任感情，造成彼此的排斥和疏远。

通过与心理咨询师进行讨论分析，小周意识到自己以往的做法确实有不妥当的地方，他看到了自己的简单和局限，心里觉得很惭愧，承认自己的确很少考虑别人的感受，并下定决心以后要慢慢学着改变自己。

三、心理辅导——怎样改善交往中的语言表达

语言是人们交流思想和情感的工具，但同时也是一把"双刃剑"，运用不当，就可能伤人伤己。人际交往中如何表达自己，如何与他人沟通是一门艺术。交往技巧和沟通能力依赖于人的社会生活经验及对他人的了解程度。人们在社会交往活动中往往展现出个人的心理素质和内在修养。心直口快导致人际关系不良的人，可以从以下几个方面加以改善。

（一）了解他人的特点和习惯，尊重他人的想法和需要

人心不同，各如其面。每个人都有不同于他人的个性特点。例如，有的人开朗热情，有的人含蓄内敛；有的人随和平易，有的人严肃刻板；有的人幽默风趣，喜欢开玩笑，有的人不苟言笑，谨言慎行。每个人都有自己习惯的处事方式和行为模式，也有自己的弱点、禁忌。在与人打交道时，要善于替对方着想，尊重对方的想法和需要，表达意见和建议时要尽可能采用对方能够接受的方式方法，做到不伤人自尊，不随意否定、贬低别人。

（二）掌握说话的艺术

社会生活中常常有许多复杂情况，在对事情并不完全了解、没有充分把握的情况下，要谨言慎行，有些事即便是看起来"有问题"，也要先查明情况，要学会细心观察，多做思考，不轻易下结论。处理复杂的人际关系问题时，知道自己什么时候可以说话、什么时候不要说话，说话时既可以做到坦诚相待、直言不讳，也能做到含蓄委婉、不伤人面子，始终保持坦率诚恳、友善待人的真诚态度，这种交往艺术和说话技巧，是需要经常练习和用心感悟才能慢慢掌握的。"世事洞明皆学问"，只要对生活进行深入观察和思考，充分了解他人、理解他人、用心待人，才能做到说话悦耳悦心。

（三）善于反思自己，改变过于直来直去的说话方式

心直口快的人并非一无是处，他们也有自己的优点，只不过在处理复杂的人际关系时，需要注意经常反思和检查自己，改善自己说话的方式。例如，提醒自己尽量不要直接或当众指责他人，避免给人造成你是在故意找碴儿或者和他过不去的误解，引起他人的不满或发生冲突；如果确实需要指出不对之处，也要提醒自己照顾人的尊严，讲话时注意语气和态度，尽量委婉柔和，点到为止；另外，发表意见或建议时，应尽量少用或不用指责和批评的言语，只需要客观中肯地说出自己的观点即可，避免给人造成居高临下、贬低别人的印象。

小周在咨询师的帮助下，对自己和同事之间的关系也进行了重新认识，理解了周围人对自己疏远的原因，也明白了自己今后该怎么做才会更好。

四、小结

语言反映人的综合素质，传达着人的思想、情感、个性和心理成熟水平。每个人都有自己独特的个性和语言风格，在社会交往活动中，人往往需要运用自己的智慧和交往技巧去应对各种复杂的关系。良好的人际关系是建立在善意、信任、真诚和互助的基础上的。在与人打交道时，要懂得换位思考，既了解自己的特点，也理解别人的想法和需要。如果交往中不注意说话方式，不顾及对方感受，就会破坏沟通效果，损害人际关系。用心学习恰当的语言表达方式，让自己学会说话、善于与人交流，便会让自己拥有满意的"朋友圈"。

【问题表现六】如何克服敏感多疑心理

敏感是一种个性特点，敏感的人心理上的警觉度一般比较高，他们在人际交往中观察仔细、情感细腻、反应敏锐，很容易察觉到别人的情绪变化。敏感的人往往内心情感丰富，感受性和创造力强，能够比其他人更容易察觉事物的细微之处。敏感的人也比较容易多疑，所以会较多地体验到消极的情绪。

一、案例呈现

小胡是一名女兵，性格比较内向羞怯，平时不爱说话，也不怎么擅长与人沟通。

经常让小胡感到苦恼的是，自己似乎和班上的其他人很难相处。小胡有一个好朋友，她常常对好朋友诉苦，埋怨班上的其他人说话很刺耳，好像总在有意无意地针对她。好朋友开导她，说她可能太敏感了，别人说话未必就是针对她，劝她不要多想。

小胡曾经因为一件小事和班上一个女兵吵了一架，之后谁也不理谁。和她吵架的女兵经常和班上其他几个女兵一起打打闹闹，有说有笑。这样一来，小胡感觉自己被孤立了。她猜疑她们在一起议论她，说她的坏话。为此，她感到很痛苦，经常郁郁寡欢，提不起劲儿来。好朋友担心她的状况，建议她向心理咨询师求助。

小胡告诉心理咨询师，说自己从小到大一直都很在乎别人的看法。别人说一句话，她都会联想很多。有时候领导开会时批评一些现象，她会联想领导是不是在说自己。别人在一起聊天说某人的不是，她也觉得他们是在含沙射影议论自己。小胡觉得自己快要崩溃了，不知道该怎么办才好。

心理咨询师帮助小胡分析这些心理困扰产生的深层心理原因，协助她认识并理解自己的性格特点，发现自己个性中积极、正向的部分，增强她的自信心及对他人的信任。同时帮助小胡识别对他人认识上存在的不合理观念，逐步重建合理的人际认知，并在现实中练习与人交往的技巧，体会并理解人与人之间的积极情感，不断巩固良好的交往模式。经过一段时间的咨询，小胡的心情变得轻松愉快，也有了自信心，人际关系明显得到了改善。

二、心理解析

（一）敏感多疑的心理分析

案例中的小胡有着敏感多疑的人格特点。从心理成长的角度分析，敏感多疑的个性形成，与人的成长经历密切相关。人在成长过程中经历的事件，尤其是创伤性事件，会影响其人格组织结构。例如，养育过程中有被忽略、被抛弃的经历，没有得到父母足够的关心和照顾；或者因自身缺陷而曾经被他人嘲笑或排斥过；或者遭受过同伴欺负、校园霸凌等。这些事件给年幼的个体造成了心理创伤，形成了防御性反应，他们往往对他人缺乏信任，容易过度解读或歪曲解读他人的意图，成年后这种创伤记忆和防御反应模式会在遇到相似场景时被激活，诱发心理问题。从本质上说，敏感多疑的人常常担心被人排斥和抛弃，害怕再次陷入不安全的境地，因此他们经常会落入对人猜疑、不信任、恐惧不安的情绪旋涡。

敏感多疑的人大多比较内向、自卑，有自我贬低、自责自疚的习惯，对自己的评价偏低，总觉得自己不够好，怀疑自己"一无是处"，担心别人瞧不起自己，对人对己都缺乏信心，时常感到孤独、抑郁、焦虑、紧张不安，严重的会发展成抑郁症、焦虑症、恐惧症等。

（二）敏感多疑的具体表现

敏感多疑的人常常情感脆弱，自信心不足。从心理本质上来说，敏感是人的一种心理保护机制，是人对环境警觉度高的体现，这种心理特性能够帮助人及早察觉外界危险，并采取措施保护自己不受伤害。但是如果过度敏感多疑，影响到了人正常的工作、学习和生活，损害人的社会功能，则有可能已经发展成较为严重的心理障碍，需要接受专业的鉴别诊断和心理治疗。

敏感多疑的个性影响人的正常社交活动和人际关系质量，给本人带来痛苦，需要引起重视，及时进行调整和改善。

1. 联想过于丰富，容易陷入消极情绪

过度敏感表现为情感体验深刻，联想异常丰富，稍有风吹草动就能调动他的敏感神经，身边发生的一切都可能留下很深的痕迹。例如，看到一场车祸、看了一部悲剧影片，都能让他心绪不宁、情绪抑郁，沉重的心情可能好几个月才能缓过来。

2. 过度自贬自责，全然否定自己的价值

过度敏感的人即使遭遇一个小小的挫折，也会让他产生很严重的失落感，并且沮丧的心情会持续很长时间。他甚至会因此怀疑自己的全部，会觉得别人所有的批评都是有道理的，一切都是自己的错，还可能极端地认为"我太糟糕了，是个大傻瓜，什么都做不好，今后不会有什么希望"。从而陷入认知误区，将自己全盘否定。

3. 缺乏自信，怀疑他人

过度敏感的人常常缺乏自信，有较强的自卑心理。他们常常过分否定和贬

低自我，在与他人相处时表现得小心翼翼，生怕哪里做得不合适，经常猜疑别人的想法或态度，不相信他人对自己的正面评价，又担忧别人看不起自己，惴惴不安，人际中退缩回避，习惯于封闭自己，内心经常有强烈的孤独感。

经过以上分析，小胡意识到自己存在的问题，对自己有了较为客观的认识，在观念上也做了适当调整。

三、心理辅导——怎样改善过度敏感的心理

如果心理上过度敏感，会在交往中给自己和他人造成不必要的困扰，人为地设置交往障碍，不利于建立良好的人际关系。可尝试从以下几个方面着手，克服敏感多疑心理。

（一）培养自信心

每个人身上都有优点长处，也有弱点不足。对于自卑敏感的人来说，多发现自己身上的优点，肯定自己的长处，相信自己的能力，有利于增强自信心。在人际交往中，要相信自己会和他人处理好关系，会给别人留下良好的印象。同时也要提醒自己不要苛求周围每个人都喜欢自己。当一个人充满信心进行工作和生活时，就不用担心自己的行为，也不会随便怀疑别人是否会挑剔、为难自己了。

（二）与他人进行有效沟通

在社交场合发生误会在所难免。出现误会不要紧，重要的是看自己有没有消除误会的能力与办法。当与他人发生误会的时候，想办法进行有效沟通，争取消除误会和隔阂；如果当下无法消除误会，也可以暂时搁置，顺其自然，等待时间来证明一切。

（三）善于进行自我安慰

每个人都有可能在生活中遭人误解甚至非议，对此要有客观的认识和承受

能力。在遭遇委屈不公的时候，要善于以恰当的方式为自己争取权益，并做好自我保护，同时也要学会在逆境中安慰和激励自己，提醒自己不必太在意别人的眼光，坚持自己的原则，内心保持踏实自信，把主要精力放在更重要的事情上来，避免让自己陷入不必要的烦恼之中。

（四）以适当的方式维护自己的尊严

如果遇到不公正的对待，也应该懂得适当予以"回敬"，要勇于维护自己的尊严和权力，尽可能减少对自己的伤害。

经过一段时间的咨询，小胡从认知观念、情绪自控、行为方式等几个方面进行了调节和重建。她也开始学习主动去和别的女兵打交道，锻炼自己交往的能力和心理承受能力。通过坚持努力和不断尝试，小胡和班上其他女兵的关系有了明显改善，自信心也得到了很大提高。

四、小结

敏感是一种心理素质，有利于人对外部世界的感知认识。但是过度敏感多疑会影响人对外界事物的正确认知，在与他人打交道时也容易对人产生误解和隔阂，影响人与人之间的信任，不利于良好人际关系的建立。这需要我们在社会生活中努力锻炼自己，拓宽视野，强化自信心，增强生活的智慧，让自己能够克服自我局限性，学会理性、客观分析问题，坚持用冷静、理智的眼光看待自己和他人。

第四章
恋爱中常见的心理问题

【问题表现一】怎样提高恋爱成功率

年轻人在恋爱中会遇到各种各样的问题和困扰。学习正确认识并恰当处理恋爱中出现的各种问题和困扰,有利于提高恋爱生活质量,促进情感发展成熟。

一、案例呈现

小王年近三十,终身大事还没有解决,父母很着急,他自己也很苦恼,为此寻求心理咨询:

"老师您好!我今年快三十岁了,目前还是独身一人。父母对我的终身大事很着急,天天催我找对象。我也不是不愿意找,别人给我介绍过几个女孩子,但每次相亲后,过不了多久女孩子就不再联系我了。原因是多方面的,个别的是我觉得不合适,多数是对方认为我不合适。有的女孩子认为我是军人,将来结婚了肯定照顾不了家庭;有的女孩子觉得我工作的地方太偏僻,收入又低,给不了她想要的生活;有的女孩子嫌我话太少,人太单纯,想法太理想,不成熟;等等。

"说实话,相亲的经历挺让我感到挫败的,每失败一次,我的自信心都要下降一点,现在我都害怕相亲了。老师,您说我还有希望找到自己喜欢的人吗?"

心理咨询师帮助小王进行客观分析,找到恋爱失败的各种影响因素,重点澄清小王自身的心理弱点,帮助他增强与异性交往的自信心,同时指导他练习语言交流技巧,锻炼他理解他人的共情能力等。经过心理咨询师的专业指导,小王对恋爱的信心增强了,他相信自己一定会找到属于自己的另一半。

二、心理解析

(一)影响恋爱的原因分析

案例中小王恋爱不成功表面上看起来是因为一些客观条件,如无法照顾家庭、工作地方偏僻及经济收入不能满足对方要求等,但实际上问题并没有这么简单。影响恋爱关系的,还取决于恋爱双方的心理因素。

1. 影响恋爱的心理因素

在婚恋问题上,人们常常有着复杂的心理需求。每个人对爱情、婚姻、家庭及自己所要选择的对象等,都可能有自己的想法和期望,在寻找和选择恋爱对象时,会受到各种因素的影响,如长相、身高、健康状况、收入情况、家庭条件、职业、社会地位等。除了这些外在条件,两个人是否相恋、恋爱的质量如何,更大程度上还取决于人们的内在感受。

在选择恋爱对象时,人们会有许多期待,如想要了解对方是否善良、可靠,值不值得信任,两个人的三观是否一致,有没有默契,性格、能力如何等,这些都是人的心理属性。也就是说,在选择恋爱对象时,人们除了关注外在条件,也看重各自的心理特点。生活实践表明,恋人在相处的过程中,心理因素往往是影响两人关系质量最直接、最重要的因素。

案例中小王相亲失败,一是因为两人之间的亲密关系并未真正建立起来。相亲的初期,两个人只是初步认识,对彼此都缺乏足够的了解,相互信任、理解和情感联结还不够深入,对生活的共识也很难达成。二是小王个性方面的原因。小王性格内向,不善于表达自己的情感,与人交往比较拘谨,缺乏共情能力，往往理解不了或者照顾不到对方的需要，很容易导致彼此出现隔阂。所以，在和相亲对象交往的过程中，怎样增进双方的了解，获得好感和信任、加深理解，才是小王需要思考和完善的地方。

2. 认知误区和心理不成熟对恋爱的影响

年轻人对爱情的看法或多或少都存在一定程度的认知误区，有的人将爱情过分理想化，有的人则走向另一个极端，在处理爱情关系时表现得过于现实，这两种态度都是不可取的。还有的人把恋爱想得过于简单，在遇到复杂的现实问题时，又缺乏解决问题和应对复杂局面的能力，从而导致分歧和矛盾。也有的人心理上不够成熟，容易受情绪影响，"话不投机半句多"，说翻脸就翻脸。

年轻人正处在对生活不断探索、积累经验、完善价值观念的阶段，恋爱是其对人生和情感进行探索的重要内容。由于存在恋爱观念和思想比较局限，心理不够成熟，与人交往缺乏自信，交往中过分敏感，嫉妒猜疑，控制欲过强，缺乏对挫折的耐受力和承受力，遇事理性不足，容易意气用事等弱点和不足，因此会给恋爱关系带来消极影响和损害。许多人失恋以后不能理性对待，容易受不良情绪摆布而走极端，要么怪罪怨恨对方抛弃自己，要么妄自菲薄自我怀疑，陷入沮丧、自卑、消沉等负面情感中不能自拔，甚至发生伤害自己或者他人的极端行为。以上种种表现，在恋爱中都是非常常见的。如果不能对自己遭遇的感情挫折进行客观分析和冷静处理，无法摆正心态，建立积极健康的恋爱观，那么必然会影响个人对恋爱的态度和行为，影响爱情生活质量。

要想拥有成熟幸福的爱情，需要恋人们在不断提高自己的认识能力、锻炼成熟心智的基础上，学习一些必要的恋爱知识和有效沟通的技巧。例如，能够扬长避短，善于恰当展示自己的优点和优势，同时懂得关心人、理解人、尊重人等，要能通过积极交往和真诚相待，努力建立两个人之间的信任感和深厚的情感纽带。

3. 早年经历和心理健康水平影响恋爱关系

恋爱关系是一种亲密关系。一个人处理亲密关系的能力与他早年生活经历及心理健康水平密切相关。一个人与恋人相处的方式，往往反映了他成长过程中的生活经验，是他和家人、老师、朋友等重要关系人的相处模式的再现。如果一个人早年生活的养育环境良好，父母教养方式得当，学校生活顺利，其心理发展正常健康，这个人与人相处的能力相对就比较强，容易与人建立良好的亲密关系；反之，则容易出现各种交往问题，亲密关系中也易出现各种困难。

（二）恋爱受挫的个性因素

案例中的小王，是一个想法单纯、爱情观念比较理想化的人。加之工作的地方较为偏僻，与外界接触较少，缺乏与人交往的经验，他自己也不擅长和异性打交道，容易在女性面前感到拘谨紧张。几次相亲，都以失败告终，与小王自身的弱点有直接关系。

1. 性格内向，不善言谈

性格内向的人一般比较沉默寡言，不擅长用言语来表达自己的想法和情感。不善言辞，就不容易在短时间内展现自己的优势。在恋爱时，不善言辞的人会让人觉得沉闷无趣，也容易产生距离感。

不过，不爱说话、不善于以言语表达自己的人未必就谈不成恋爱，表达自己的想法和情感的方式是灵活多样的。只要能以其他方式来展现自己的特点，仍然可以成功恋爱。

2. 不善于表现个人风格和魅力

一个人的独特性和吸引力，与个人的特点和魅力密切相关，有特点有魅力的人容易给人留下深刻印象。个人特点和魅力是一个人的外在形象和言行表现等多方面素质的综合反映，如颜值高、性格好、说话幽默、有自信、做事稳妥可靠、被人信赖等。恋爱中，男女双方对对方的形体外貌、健康状况、个性特点、能力素质、价值观念、生活习惯等，都会进行全面衡量。如果不善于表达自己，或者心理上不够自信，就可能无法充分展示自己的优点和魅力，从而降低自己对他人的吸引力。

其实，每个人都有自己独特的风格和特点，只要能够正确认识，懂得以恰当方式展示自己，就有可能让他人对自己形成正确而良好的印象。小王性格内向，心理上缺乏自信，在和女性相处时比较紧张拘谨，不善于表达自己，因此很难给对方留下深刻印象。

3. 缺乏共情能力

共情能力就是理解他人的能力。每个人都有渴望被理解的心理需求。恋爱中的双方如果觉得自己能够被对方理解、接受、欣赏，就会感到快乐和满足，也会不自觉地想要接近对方，信任并依靠对方。相反，如果觉得自己不被理解和接受，就会误以为对方不喜欢自己，自然会拉开距离。在相处过程中，恋人之间能不能产生共情，会直接影响两个人之间的关系。

4. 不会表达感情

军人受严格且长期的职业训练影响，在情感表达上一般比较内敛含蓄，很多人不善于表达感情，喜怒哀乐往往隐藏在心里，宁肯自己一个人闷头想，也不愿意说出来。这种习惯在恋爱中是弊大于利的。人是情感动物，大方自然地表达自己的真情实感，才能真正打动人心，感染人。否则别人不知道你心里在想什么，无从判断你究竟是喜欢还是不喜欢，心里就会不踏实。

5. 是否让对方感到信任

恋爱中能不能彼此信任，心里面有没有踏实感，这些感觉对两个人的关系有很重要的影响。人最怕被欺骗，渴望找到安全感。能不能感受到交往之人的诚意，对方值不值得信赖和依靠，这一点女性尤为看重。如果在恋爱过程中对方给不了自己这样的感觉，就会觉得不踏实、没有安全感，时间长了，自然会把你排除在爱情的大门之外。

影响恋爱受挫的心理因素还有很多。总之，恋爱也是一门艺术，需要用心学习，掌握必要的恋爱技巧。

三、心理辅导——如何提高恋爱成功率

对案例中的小王而言，今后需要做的主要有两点：一是补短板，即尽可能克服自己的紧张心理，增强信心，大胆展现自己真实和自信的一面；二是学习掌握基本的交往技巧，练习如何恰当表达自己的真情实感，学会在交往中以恰当方式展示自己的能力和优势，增加自身吸引力，增进相互之间的了解和好感，

树立良好印象。

（一）重视以前的经验，练习与人交往

从个人成长的角度来看，恋爱失败其实也是一件好事。从交往的失败经验中，可以不断了解和学习怎么与他人、与异性相处。而交往的过程，也能帮助内向害羞的人，慢慢淡化交往过程中的紧张局促心理。这些经验，对以后的恋爱成功和感情幸福具有积极意义。对于个人而言，平时要注意培养主动交往的意识，通过交往，不断克服自己的心理障碍，练习恰到好处地表达自己，建立交往自信，消除紧张情绪。

（二）多阅读和观察，增长自己的见识

不管内向与否，必要的语言表达能力是每个人都应该具备的。恋爱中的交往，需要充分的沟通和交流，如果总是哼哼哈哈不置一词，显然是行不通的。交流中需要有可谈的话题，见闻丰富、知识广博，可谈的话题就比较多；如果胸中无物，语言自然乏善可陈。

（三）培养共情能力

恋爱需要充分表达自己，也需要充分了解对方，理解并尊重对方的想法和需要。理解他人不是一件容易做到的事情，共情是从深层次去理解他人。培养共情能力，首先需要锻炼自己敏锐观察和换位思考的能力，能够设身处地替别人着想，懂得体贴和关心他人，能让对方真切地感受到自己对其的关注和重视，感受到被理解、被尊重，这样才能打动人、感染人，赢得对方的信任。

四、小结

爱情的魅力是永恒的，美好的爱情能够让人感觉到温暖、亲近和安全，满足人的亲密关系需要。不过，爱情也是需要培养和经营的，要付出真诚，用心

努力。在恋爱中需要克服许多困难,要平衡现实和理想的关系,还要克服自身的弱点和不足,包容彼此性格中的差异,相互之间能够忍让和妥协,共同克服各种困难和障碍。虽然军人在恋爱中会受到各种现实问题的困扰,但是只要能够理性对待,恰当处理,坚定信心并用心经营,就一定会收获幸福和甜蜜的爱情。

【问题表现二】如何摆脱失恋的痛苦

失恋常见的挫折性情感体验,会给人带来情感上的困扰,有的甚至会引发严重的心理危机。如果处理不好失恋带来的心理困扰,就会给个体以后的生活造成不良影响,因此需要认真对待。

一、案例呈现

小武在大学期间交了一个女朋友,两个人的感情一直不错,很谈得来。毕业后小武参军入伍到部队工作,他的女朋友则去了另外一个城市工作。两人在距离上远了,感情慢慢地也受到了影响。在许多事情上,两个人的意见和看法渐渐出现了分歧。小武的女朋友在单位负责公关工作,经常外出参加接待宴请活动,花钱也比较大手大脚,是典型的"月光族"。而小武从小就节约惯了,他不喜欢女朋友经常在外面应酬,考虑到将来的生活,小武也希望她能稍微节省一点。他为此提醒过女朋友好几次,女朋友听了很生气,认为小武不理解自己,对自己不信任,干涉她的自由,并说钱是她自己挣的,想怎么花就怎么花。但每次女朋友花光了自己的钱后,小武还要给她一些。小武心里不高兴,两人的争吵越来越多。三个月前,女朋友向小武提出了分手。

这件事对小武的打击很大。小武心里很喜欢女朋友,不愿意就这么失去她。为了挽留女朋友,小武想了许多办法,但是女朋友的态度很坚决,她说她和小武不合适,在一起不会幸福。后来,小武给女朋友打电话,她不接;去找女朋友，她也不见。如今距离女朋友提出分手已经三个月了，小武很痛苦，他感觉自己被抛弃了，很绝望，不知道该怎么办才好，于是他向心理咨询师求助。

心理咨询师帮助小武对恋爱及失恋的整个过程进行回顾和梳理，辨析导致恋爱失败的关键因素，深入分析小武和女朋友之间矛盾产生的深层心理原因，帮助小武觉察自己性格上的局限和弱点，反思自己在事情发展过程中所起的作用，学习客观理性分析恋爱失败的各方面原因，总结其中的经验教训。在心理咨询师的帮助下，小武的痛苦得到了很大的缓解，他开始能够理智地看待自己和女朋友的关系，也能平静面对失恋的事实，他感到自己获得了继续努力生活的勇气。

二、心理解析

（一）导致失恋的心理因素

恋爱成功与否，既受现实客观因素如经济水平、空间距离、家庭等方面的影响，也受个体心理因素如价值观念、个性差异、沟通方式、行为习惯等的影响。青年人的生活观、价值观、婚恋观正处于不断发展的阶段，由于社会生活经验较为缺乏，情感上不够成熟，他们对爱情的想象往往过于理想化，处理恋爱中遇到的问题时容易简单化、情绪化，观念和行为也易于走极端，因此常常导致恋爱受挫。

1. 生活观和价值观的差异

生活观、价值观影响人们对爱情的理解和态度。一个人喜欢节约，生活简朴；另一个人则追求享受，经常购物，这样的两个人就容易起冲突。一个人喜欢自由自在，怕受约束；另一个人喜欢控制和支配，这样的两个人也会产生距离感和矛盾。

案例中小武和女友在校学习期间相识相恋，随着相处时间的增加，两个人在观念、行为方式等方面的差异越来越多地被暴露出来，尤其是当他们进入现实生活、遇到实际问题的时候，两个人因为各自的差异而导致的矛盾冲突也就越来越多了。

2. 个性差异

个性差异也是影响情感关系的重要因素。案例中的小武内向、保守，不喜欢热闹的场合，他的女朋友则活泼开朗，喜欢交往，两个人在大学时形影不离，小武对两个人的关系有掌控感。但是毕业之后，两个人在不同的地方工作，女朋友经常外出参加活动，这让小武感到自己对两个人的关系失去了掌控，他的心里因此有了不安和担忧，而他对女朋友的一再劝阻，又导致了女朋友的不满，两个人发生争吵，这进一步激化了矛盾，加深了隔阂。

3. 沟通方式

案例中小武和女朋友的沟通方式也存在问题。两个人在沟通过程中，大都采取情绪化的处理方式，如相互指责和攻击，结果导致矛盾冲突进一步升级，两个人之间的隔阂不断加深。如果两个人在沟通中多一些理性思考，遇到事情时尽可能去理解对方，站在对方的立场上给对方一些必要的支持和关心，也能够尊重各自的想法和喜好，相互之间都能有所妥协和忍让，两个人的关系就不至于被推到破裂的边缘。

（二）失恋对人的心理影响

1. 失恋导致心理创伤

在心理层面上，失恋会让人体验到巨大的丧失感和不安全感，造成人的创伤体验。

与人建立亲密关系，是每个人的深层次心理需求。被人喜爱和接纳、得到别人的肯定，会让人充分感受到安全感。失恋意味着被抛弃，是对自我价值的否定，降低了人的自尊，让人感受到极大的失落和被伤害感，感觉自己对生活失去了控制。

恋爱中双方会有很深的情感联结与付出。一旦失恋，会对人的自信心、自尊心、自我价值感、安全感、对他人的信任等造成很大影响，导致心理创伤。

2. 失恋的情绪体验

恋爱是青年人确认自我形象、价值和尊严的一面镜子。恋人对自己的喜爱、接纳和信任，会极大程度地增强一个人的自信心，提升他的自我价值感。而一旦被对方拒绝，就意味着对自我价值的贬低和否定，这会激起失恋一方沮丧、愤怒、不安、自卑等负面情绪，使他对自己和未来生活都丧失信心。

心理学家认为，人真正需要和追求的是得到爱。爱能让人在心理上获得归属感和安全感。而当爱一旦失去的时候，这种心理上的归属感和安全感就被破坏了，人就会陷入巨大的失落和丧失的焦虑当中，感觉到自己被抛弃的绝望和痛苦，从而陷入心理危机，这是失恋之所以让人痛苦不堪的深层心理原因。

三、心理辅导——如何对待失恋

恋爱的感觉很美好，失恋则会让人感受痛苦。如何面对和处理失恋的痛苦，这对以后的感情生活意义重大。恋爱关系一旦中止，受强烈的负面情绪影响，许多人在处理两个人之间的关系上往往会走入误区，给彼此造成更大的伤害。理性面对失恋，妥善处理失恋问题，是人走向成熟的必经之路。

（一）平复情绪，理性处理

一旦面临失恋，人的本能反应是不愿相信，不想承认，并试图极力说服和挽留对方，但这样做的效果往往适得其反。这时候，一方追得越紧，另一方可能就越反感，越想快点离开，双方都会感受到巨大的心理压力。

失恋时最需要做的是想办法平复自己的激烈情绪，给双方留出一定的缓冲时间。等大家都冷静下来之后，再考虑该如何去做。这时候可以对事情进行全面客观的分析，等双方心平气和时再进行充分沟通，商量合理的解决方式。

经过充分沟通，确认恋爱关系无法继续，这时候就要接受现实，理性处理两个人之间的关系，避免意气用事。处理失恋问题，往往需要双方拿出很大的勇气，也是在考验双方的智慧和心理成熟程度。

（二）不贬低自己，保持自信

失恋容易让人归因为是自己不好，自己不完美，不值得被爱，双方才会选择离开。这既是一种错误归因，也是对自我的不合理认知。这种认知会使人陷入自我贬低、自卑的困境。所以失恋后能不能做到不妄自菲薄，不过度贬低自己；能不能做到客观看待自己，充分肯定自己的价值，保持自信，是非常重要的。事实上，生活中总会有不喜欢自己的人，也一定会有喜欢自己的人，要始终保持对人对己的信心。

（三）保持尊重，友好分手

两个人能在人生旅途中相互陪伴一段路程，本就是难得的缘分。如果不能继续携手前行，那就好聚好散，好好告别。分手并非人生的终结，生活依然在继续，双方还会遇到新的恋情。尊重对方的选择，允许对方过其想要的生活，这也是爱。所以妥善处理失恋，是珍惜过往感情的表现。友好分手，并为对方送上真诚的祝福，这是做人的胸襟，也是生活的境界。

四、小结

当失恋的痛苦来袭时，能不能保持冷静和理性，有没有能力将伤痛转化成继续前进的动力，是现实生活给予青年人的挑战和考验。人是在挫折和打击中不断成长成熟的，这是失恋之于人的积极意义。如果对失恋缺乏清醒的认识，失恋后不能理性对待、妥善处理，就可能给自己和他人造成伤害性后果。学会放手，让自己放眼更长远的未来，内心就会激发出积极乐观的力量，不为当下的挫折所困。

【问题表现三】异地恋该怎样相处

由于职业的特殊性，军人的异地恋现象比较普遍。异地恋面临的最大困难就是空间距离造成的交流障碍和情感隔阂。那么，对于异地恋的军人来说，怎样做才能有效维护和恋人之间的感情呢？

一、案例呈现

小吴和女朋友是高中同学。小吴觉得女朋友人挺不错，对自己很在意，经常会主动给自己打电话。小吴平时工作很忙，两个人离得也很远，小吴曾经和女朋友说过这些情况，女朋友表示自己能接受。但是，当两个人相处时间长了，矛盾还是出现了。例如，女朋友会经常给小吴打电话，小吴工作比较忙，常常说不上几句话就挂了，为此女朋友很不高兴。后来两个人也经常为一些鸡毛蒜皮的小事闹别扭，女朋友总说小吴对自己太冷淡了。最近女朋友告诉小吴，她要考虑一段时间再决定还要不要继续和小吴交往。小吴不知道该怎么办才好，因此向心理咨询师求助。

心理咨询师帮助小吴分析他与女朋友交往过程中的关系模式，引导小吴站在女朋友的角度体会不同的表达方式会造成怎样的心理感受，帮助小吴理解女朋友的心情和她行为背后的情感需求。经过咨询，小吴意识到自己在处理与女朋友关系时的简单和僵化之处，理解了女朋友感到失望和不满的原因，他开始改变自己的表达方式，主动联系女朋友以修复关系，最终两个人和好如初，感情得到了进一步巩固。

二、心理解析

（一）对彼此缺乏足够的了解和理解

恋爱过程中产生隔阂和误会，常常源于彼此的了解和理解不够深入，缺乏有效沟通。

小吴与女朋友是高中同学，两个人之间虽有一定程度的了解，但这种了解还停留在比较肤浅的层次。随着交往的持续，两个人的观念、态度、行为方式，以及对彼此的期待或要求等各方面的差异，逐渐显现出来。小吴的女朋友在感情上依赖性较强，对小吴有较多的情感需求，行为上比较主动，所以她会经常给小吴打电话。小吴性格比较刻板，是典型的"直男"，他不太擅长表达自己的感情，处理女朋友打电话的方式也过于简单，非但如此，事后还经常教训女朋友，说她不懂事。时间一长，女朋友感受到的只有冷落、忽视和指责，对小吴就会心生不满和失望，也会由此怀疑小吴是不是真的喜欢、在意自己。

小吴的想法比较简单，他认为，既然女朋友喜欢自己，并且表示过能接受自己的情况，现在两个人已经是恋人了，女朋友就应该为自己着想、理解自己，怎么总是给自己添麻烦呢？所以，他会觉得女朋友不可理喻，是胡搅蛮缠。每次两个人闹完别扭，虽然都是小吴向女朋友解释、道歉后才能和好，但小吴内心是不以为然的，道歉只不过是为了息事宁人而做的表面功夫，这样做得多了，心里面也越来越不耐烦。

（二）交流中缺乏有效沟通的方法

在人际相处的过程中，人们习惯于站在自己的角度去感受和思考，往往忽略了他人的想法和感受，如果在交往过程中对彼此的了解和理解不够深入，互相缺乏有效沟通，就容易产生隔阂和误会。恋人之间也存在同样的问题，由于每个人思考问题的立足点和角度不同，对彼此的理解就容易出现偏差。如果自己内心的想法不能通过有效方式及时表达出来，时间久了，就不可避免地会发生矛盾冲突，矛盾冲突又会增加彼此的猜疑和成见，双方的隔阂和误会就越积越深。小吴和女朋友就属于这样的情况。

三、心理辅导——异地恋的交流与相处方式

（一）恋人之间应该怎样交流——了解对方需求，懂得换位思考

有效沟通是化解矛盾和隔阂、促进感情的关键。

1. 倾听对方的心声，善于共情

共情是对他人情绪情感的感受和理解能力。在交往过程中要注意观察，耐心倾听对方的心声，懂得对方情绪情感上的需要。案例中，小吴和女朋友相隔两地，难得见上一面，女朋友只有通过电话才能和他交流感情。小吴觉得女朋友打电话很"黏人"，这种"黏人"正是她对小吴情感上依赖、寻求支持和关心、想要获得安全感的表现。小吴一是因为工作忙，二是因为缺乏共情能力，忽略了女朋友的情感需求，他想当然地认为女朋友打电话就是"说事"，每次打电话只就事论事，三言两语说完，就把电话挂了。由于情感上得不到满足，小吴的女朋友自然很不满意。其实，小吴只要多说几句体贴关心的话，回应一下女朋友当时的感受，问问她是不是遇到烦心事了，帮她出出主意，这些都会让女朋友感受到温暖和安心。

2. 遇事多商量，少指责

恋人之间相处，平等尊重、真诚相待很重要，如何表达平等尊重和真诚之意是有技巧的。小吴是军人，平时工作很忙，女朋友打电话来，他心里自然很高兴，但理智告诫自己不能因为打电话时间太长而影响工作，所以他心理上是有冲突的。女朋友的电话打得多了，他觉得不妥，但处理的方式方法过于简单化、情绪化，如直接告诉女朋友说，"你没事就少打电话"，或者责怪女朋友，"我这么忙，哪有时间听你说话？你怎么这么不懂事"。这样的语言表达含有责备意味，这会伤害女朋友的自尊心，激怒女朋友，并会给女朋友造成这样的误解："他对我没感情，不愿意让我给他打电话"，或者"他不重视我，看不起我，认为我不懂事"，等等。这样一来，两个人之间的矛盾冲突自然在所难免。

小吴只要改用商量的口吻对女朋友说话，同样的意思听起来就会是另外一种效果了。例如，"我有件急事还没处理完。现在我先挂了，等处理完了事情，我再打给你，好不好？"两个人平时交往，要尽可能发现并欣赏对方的长处，而不是简单指责、一味埋怨。这样，对方才能感受到被重视、被理解和被尊重。

3. 学习表达感情，多说暖心话

女孩子情感丰富，渴望被理解、被关心，喜欢听恋人说一些甜言蜜语。而许多军人在语言表达上往往比较笨拙、保守，羞于表达情感，这是需要加以改善的。暖心话未必是让人听起来"肉麻"的话。真诚地表达自己的关心和体贴之意，多问问对方是怎么想的，需要帮什么忙等，这些充满温馨关切的话语，会让恋人感到温暖和安心。要知道，疏于沟通，不善表达，会让感情逐渐步入死角。因此，恋爱中有必要学习一些沟通交流的语言技巧，以促进彼此的理解，加深感情。

（二）如何应对感情危机

常言道：精诚所至，金石为开。

要想获得爱情，需要努力经营，在充分表达诚意的基础上，获取对方的谅解。

1. 反思己过，无论人非

恋爱中感情遇到危机，要深刻反思自己的不足之处，而不是一味指责怪罪对方。怪罪对方，实际上是为自己开脱，逃避自己应该担负的责任，以减轻内心的压力，这是心理不成熟的表现。

2. 完善自我，化解矛盾

查找自己的原因，目的是看清自己存在哪些弱点和不足，并勇敢面对这些弱点和不足，进行必要的自我完善，担负起应当担负的责任。除此之外，还要能够认真思考，积极行动，找到解决恋爱危机的恰当方法，力争化解两个人之间的矛盾和误解。

3. 不断成长，走向成熟

生活中的每次经历都是可贵的经验财富，对个人的成长发展至关重要。恋爱遭遇危机，从另外的角度来讲也是促进恋人走向成熟的重要时机。在生活实践中锻炼自己化解情感危机的能力，增强面对现实、创造幸福美好生活的智慧，这是年轻恋人的人生必修课。

四、小结

恋爱是人生的必修课，年轻军人在谈恋爱的过程中，难免会遇到各种各样的问题。在恋爱中不断学习如何理解他人，如何表达自己，如何化解矛盾，是对自己生活能力和爱的能力的有益锻炼。爱是一种能力，只有具备爱的能力的人，才能够爱别人，同时也能够获得别人对自己的爱。爱也需要用心经营，需要双方共同努力，不断加深对彼此的认识和理解。恋人之间的理解和融合常常需要一个艰难曲折的过程，双方都需要付出巨大的努力。精诚所至，金石为开。只要能够用心生活，真诚相待，终究会获得幸福美满的爱情。

【问题表现四】怎样看待恋人间的性格差异

俗话说，人心不同，各如其面。人的差异体现在方方面面，而性格差异常常成为影响恋爱关系的重要因素。怎样看待恋人之间的性格差异，这种差异对恋人间的亲密关系究竟有怎样的影响，我们通过具体案例来进行分析。

一、案例呈现

小刘二十八岁了，经人介绍与一名中学老师相识并相恋。刚开始两个人相处得很好，但是随着时间的推移，两个人之间的矛盾越来越多。小刘博士毕业，从事技术工作，做事认真严谨，性格上比较内敛含蓄。他的女朋友则活泼开朗，性格外向，喜欢旅游，也喜欢在周末和朋友一起去唱歌、聚餐。两个人相恋后，小刘利用闲暇时间加班比较多，陪女朋友外出的时间很少。女朋友曾带小刘一起参加自己和朋友的聚会，但是小刘在人多的场合感到很拘束，心里别扭，去了几次之后就再也不愿意参加女朋友的聚会了。闲暇时间，他更愿意让女朋友陪着自己一起去办公室加班。可是女朋友觉得这样很乏味,不愿意总是这样。一次周末,小刘又要去加班,女朋友一听,生气了,对小刘说:"要加班你自己去,我和朋友出去玩。"小刘见女朋友生气了,自己心里也很不痛快,就赌气说:"那好,你玩你的,我加我的班。"

两个人虽然做着各自的事,但是心里面都在和对方生气。女朋友干脆不理小刘,半个月两个人都没有联系。后来单位里一个关心小刘的老同事了解了情况,劝小刘不要意气用事,冷落了女朋友,建议他主动联系女朋友,解释清楚误会。小刘听了同事的建议,想想自己确实也有不对的地方,就主动去找女朋友,两个人又和好了。

可是,过了不久,两个人因为一件琐事意见不合,又闹矛盾,互不搭理。矛盾多了,女朋友觉得小刘刻板、生活无趣,两个人在一起总是吵架,没意思;小刘则觉得女朋友浮躁、不踏实,没有远大目标,对自己缺乏理解和支持。两个人的关系再次面临危机,小刘为此寻求心理咨询师的帮助。

心理咨询师帮助小刘分析他与女朋友在两个人的关系中表现出来的差异和共同点,两个人对待同一件事情各自的想法和做法,以及双方沟通交流的模式。同时,分析两个人在解决冲突时采用的有效方式和无效方式。经过全面梳理,小刘意识到自己在处理与女朋友的关系时的疏忽、不妥当及双方可能存在的误解之处,察觉了自己容易情绪化的局限和不足,开始深入思考在恋爱中如何保持信心,如何保护两个人之间必要的边界,如何更加有效地维护两个人的信任感和情感关系。

二、心理解析

亲密关系不融洽的心理原因分析如下。

初恋总是充满激情的,但是随着交往时间的推移,这种激情会逐渐消退,两个人之间的感情会渐趋平淡,而且因为对彼此的了解越来越多,两个人之间的差异也就越来越多地表现出来,这些差异导致的观念和做法上的不一致,就有可能转变为两个人情感上的隔阂或障碍。

（一）错误认知

恋人之间常常存在这样一种错误认知："既然爱我，你就应该了解我，任何时候都应和我保持一致。"

由案例描述的情况来看，小刘和女朋友两个人的性格差异比较大，兴趣爱好和行为习惯都有所不同。具体到一些相处的细节，两个人的内心感受和行为选择都会有所不同，这样一来，矛盾冲突就不可避免地出现了。原因在于，两个人都下意识地按照自己的方式和习惯来思考和行事，都希望对方能认同和接受自己的喜好和习惯，想当然地认为对方应该认同和了解自己；而两个人对对方的习惯和想法都缺乏足够的了解和理解，对爱的关系的理解过于简单化，忽视了为了加深和巩固爱情而需要做出的努力，在面对和处理冲突时，都缺乏为对方考虑而适当做出妥协和让步的态度和行为。

（二）意气用事

从小刘和女朋友反复争吵的过程可以看出，两个人在处理问题时都比较情绪化，都表现得不够理性，往往受各自内心的不满和愤怒情绪驱动，言语和行动上过于意气用事，事后也缺乏深入的沟通和交流，从而加深了相互之间的误解和隔阂，激化了矛盾。

三、心理辅导——性格不同的恋人如何增进亲密关系

事实上，在婚恋关系中，我们经常会看到许多性格差异很大的人，也会拥有良好的亲密关系。这说明，性格不同的人能够建立良好的亲密关系。不过，我们也要认识到，性格差异的确会使恋人在处理一些具体事情时，表现出不同的态度和行为，而如何理解这些态度和行为，是影响亲密关系质量的关键。那么，性格差异较大的恋人，该如何相处呢？

（一）充分认识彼此的性格特点，允许对方有自己的自由空间

案例中小刘和女朋友个性不同，生活中也各有喜好和兴趣，在相识相恋后，这些差异导致两个人在共处的方式上出现了矛盾。对初次进入一段亲密关系的人来说，这种个性差异及由个性差异带来的矛盾冲突，是两个人都需要认真去了解并尝试接纳的客观现实。比较恰当的做法是，两个人都要对彼此的性格特点有较为充分的了解和认识，在双方都能接受的程度上，允许对方有相对自由的空间和时间去满足自己的兴趣爱好。

只要有这份理性认识，并且能够在持续的交往中积极寻找两个人都能接受的平衡办法，这种有性格差异导致的矛盾冲突，会随着交往时间的延长而慢慢减少。

（二）找到共同兴趣，培养两个人的共同爱好

除了了解对方的性格特点，允许对方有机会满足自己的兴趣爱好，同时也要注意努力培养两个人共同的爱好和兴趣。这是一个循序渐进的过程，需要恋人们不断探索，主动培养，还要有足够的耐心。亲密关系的建立和维护，需要两个人用心经营，而非放任自流。只要能够坚持去做，相处时间久了，两个人的一致性就会逐渐增加，差异性导致的冲突也会随之减少。

（三）互相妥协和让步

年轻恋人在相处时发生的许多矛盾冲突，是由于过于强调自己的想法和感受，缺少对对方的理解和宽容所造成的。在处理一些具体事情时，往往过于强调自己的主张和习惯做法，而忽视了对方的意见，没有照顾到对方的感受。如果对这一点有比较清醒的认识，那么在相处时，就会替对方考虑，适当做出变通和调整，而非固执己见。对于性格差异明显的恋人来说，在相处过程中，要时时提醒自己是否理解和顾及了对方的想法，在解决问题时，能否做出适当妥协和让步。在亲密关系中，只要多一些理性思考，少一些意气用事，管理好情绪，恰当言行，就会让两个人的关系不断融洽和谐。

四、小结

恋爱中会遇到种种意想不到的问题。要处理好恋爱关系，需要恋人们做出许多努力。人们经常会以性格不合等说法作为自己亲密关系不和谐的理由，但实际上，问题的本质还在于两个人缺乏理解他人的能力，在遇到矛盾冲突时也缺乏解决问题的成熟心态和理性做法。

从根本上来说，人都是有差异的，亲密关系的建立也非一日之功。要想获得美好的感情生活，需要对人对己进行认真观察和学习，掌握与人相处的知识和技巧，这是每个人成长过程中的必修课。

【问题表现五】平衡爱情的理想与现实

年轻人在交友恋爱的过程中，常常绕不开的一个问题就是理想与现实的关系。如何正确看待和处理理想与现实之间的关系，这是每个年轻人都要认真思考的问题。

一、案例呈现

两年前，小马经人介绍认识了一个女孩子，两人互有好感，很快成了恋人。在相处的过程中，小马渐渐发现女朋友的一些生活习惯自己很难认同。例如，她喜欢穿衣打扮，用的化妆品也很昂贵。每次想买衣服或者化妆品时，她都会对小马旁敲侧击，暗示小马给自己买她想要的东西。刚开始小马也没觉得不好，甚至主动花钱给女朋友买一些她喜欢的衣服或者化妆品，女朋友也很高兴。但时间久了，小马觉得有点吃不消。他建议女朋友在买衣服和化妆品上稍微节制一些，两个人慢慢攒钱，好为将来做打算。女朋友听了不置可否，依然我行我素。小马说得次数多了，女朋友就不高兴了，反问小马是不是舍不得花钱，是不是把钱看得比她还重要。小马说不过女朋友，但心里很生气，从此两个人有了矛盾，时不时地就会闹别扭。

小马家在农村，女孩子家在大城市。小马在女朋友面前有自卑感，女朋友也知道小马的情况，但她表示自己不在乎这些，只要两个人相爱就够了。小马真心喜欢女朋友，所以宁可自己节衣缩食，也尽可能满足女朋友的要求。不过同时，小马也觉得自己在金钱上不堪重负，这样长期下去不是个办法。小马将烦恼说给好朋友听，好朋友问他："你们两个人家庭背景不同，经济水平不同，两个人的差距大，将来在一起，你觉得自己能养活得了她吗？"小马觉得自己很难回答这个问题。不过他想："只要两个人真心相爱，这些问题一定能慢慢解决。"

但是两个人相处了仅仅一年多，女孩子就提出了分手。原来另外一个小伙子也喜欢这个女孩子，一直在狂热地追求她。这个小伙子很懂得关心人，加之家庭条件比较好，每逢节假日，都会给女孩子送上各种礼物讨她欢心。时间久了，女孩子被对方的热情主动和殷勤照顾打动了，再加上与小马经常闹别扭，慢慢就对小马心冷了。

小马知道了这个原因后，感到自己受到了伤害，很痛苦，也很愤怒。他责备女孩子虚荣、庸俗，拿感情当游戏，欺骗自己的感情。女孩子也不多做解释，只是告诉小马自己已经不爱他了，还是分手为好。

经过这件事，小马觉得自己再也不相信爱情了，他认为人是很现实的，如果他自己很富有，没有物质方面的负担和顾虑，一样也可以保证女朋友的物质需求，女朋友就不会被别人抢走。为此，他甚至有了退伍到地方创业的想法。因为想不通，小马向心理咨询师寻求帮助。

心理咨询师表示非常理解小马的心情，在耐心听完小马的诉说之后，和小马一起认真回顾这段感情经历中的各种关键细节，帮助小马看到两个人交往时间短、彼此缺乏深入了解和深厚的感情基础的事实，以及他和女朋友在生活习惯、价值追求、情感需求等方面的差异，还有两个人在相处过程中沟通方法上的弱点和不足，同时帮助小马辨析因为受失恋打击而产生的不合理认知，引导小马逐步摆脱失望、沮丧、愤怒等情绪困扰,提醒小马尽可能客观理智地看待和处理失恋这件事。

二、心理解析

爱情是人生活的一部分。年轻人进入恋爱生活,其实也是全面认识生活的一个契机。在与对方建立亲密关系时,必然会涉及与对方相关的所有方面,如对方的家庭、生活习惯、价值观念、经济能力、欲望需求、行为方式等。所有这些,都是需要年轻人了解和应对的现实问题。

(一)爱情中的误区一:相爱意味着一切

尽管爱的感觉很美妙,但是相爱并不代表一切。由案例来看,小马的恋情中,有许多现实问题需要两个人同时认真面对。例如,两个人家庭背景不同,女朋友是否能够接受小马的经济状况,并愿意为小马做出让步和牺牲;女朋友习惯过经济优裕的生活,花钱买东西在她看来正常且自然,而且在她的观念里,满足需要比节省金钱更为重要,她能否体察和真正理解小马的辛苦和顾虑;小马原本经济能力有限,面对女朋友的生活习惯和行为方式,他是否能够找到解决困境的妥善办法;两个人在金钱观念和生活需求上的不同,能不能在相处的过程中达成一致?以上问题,都是对两个年轻人生活智慧和价值取舍的考验。面对这些考验,需要两个人做深入思考和抉择。从案例叙述的情况来看,两个人对这些问题的思考还都比较肤浅,在爱情观念上还不够成熟,表现得过于天真和理想化。

(二)爱情中的误区二:爱情不可靠,人都是现实动物

小马失恋后,感情受到了打击,情绪一落千丈,认识观念也发生了转变,由原先想当然以为"爱情能战胜一切",转而认为爱情根本不可信,人都很现实,唯有获得富足的物质生活才是保证恋爱成功的王道。

事实上，这种认识观念是走到了另一个极端。对小马和女朋友而言，这次经历只不过是现实生活给两个年轻人提供的一次全面考虑问题的时机而已。这次经历提醒他们：爱情不是想象中的那么简单，即便两个人有感情、很相爱，也需要面对和解决现实生活带来的各种问题，而不是一味逃避，或者以感情为借口，用感情来约束自己和他人。

客观而言，两个人都有选择自己想要的生活的自由和权利，所以小马的女朋友做出选择，也是基于她自己的个人意愿。小马可以努力挽回，但也需要尊重对方的意愿。这次恋爱虽然失败了，但这样的经历对两个年轻人来说其实是一种提醒，提醒他们在今后的生活中，需要更理性地考虑自己的情感和抉择，并且有能力为自己的选择和行为负责任。

三、心理辅导——如何平衡爱情中理想与现实的关系

现实与理想，是一对永恒的矛盾。在恋爱过程中遭遇理性和现实的矛盾，考验人的生活智慧和解决问题的能力。

（一）相信爱情，正视现实

对美好生活的向往，是人永恒不变的需要和追求。人们对爱情寄予了美好的期待和想象，爱情中的美好、真诚和善良，是需要每个人都用心付出、用心维护的宝贵精神财富。

不过，在爱情观念中，也需要有相对清醒的认识，能够客观看待一些现实因素，并为此做好准备。当两个不同的人进入恋爱关系时，伴随而来的各种相关因素，都是双方需要一一面对和处理的实际问题。爱情固然美好而重要，但在这些现实因素面前，如果缺乏足够准备，不具备应对能力，它们就会反过来影响恋爱关系的进一步发展。

（二）寻求解决问题的方法，达成共识

具体到案例中的问题，对小马而言，他在发现和女朋友有生活习惯和行为

方式上的不同之后,需要做的是,积极寻找解决问题的办法。例如,正视自己的自卑心理,坦诚告诉女友自己的困境和顾虑,尽可能寻求女友的理解和支持,选择两个人都能接受的消费方式。

小马因为自卑,又担心女朋友嫌弃自己,交往本身就存在心理上的不平等感,这使得他不能自由表达自己的想法和意愿,一方面勉强自己迎合女朋友,另一方面也传递出了他的不自信和无主见,这会降低他在女朋友心目中的地位。比较而言,诚实面对自己的真实情况,同时也了解对方的态度和想法,两个人能够在解决现实问题时达成一致,才有可能进一步巩固感情。

(三)理想与现实相结合

理想的爱情是以现实为基础建立起来的。罔顾现实,会使爱情关系中的矛盾积累,找不到有效的解决方式;过于现实,则会使感情陷入功利和庸俗。这两者都会损害爱情的感受,影响感情生活的质量。理想的做法是,承认现实的局限性,认清自己的能力,尊重每个人的意愿和想法,找到适合自己的婚恋对象,基于现有条件,追求自己想要的爱情生活。这样做,才可能获得相对稳定踏实的感情生活。

(四)理性对待失恋

小马在失恋的打击下,认识到了自己以前对爱情中理想和现实关系的认识还存在不足,但他将失恋的原因仅仅归结为自己经济上的薄弱,放大了物质条件在爱情中的作用,并因此影响了他的价值追求和职业抉择,从这一点上看他是走了极端。显然,这是小马失恋后受到消极情绪影响而导致的认知偏差,这种认知偏差对小马的价值观念也造成了影响。

事实上,恋爱受挫与职业抉择之间虽有关联,但并不能绝对化看待。对一个人的全部生活来说,对相关的不同事件,需要确立相对清晰的界限,并区别对待。在处理恋爱受挫的感受时,也要注意尽可能不在消极情绪状态下或冲动时贸然行动或做出决定。

四、小结

恋爱是生活的重要内容。恋爱经历帮助人获得生活的智慧和处理亲密关系的经验,也帮助人不断调整自己的认识和行为,逐渐变得成熟稳定,建立起适合自己的生活。

恋爱中理想和现实这二者并非是水火不容的,爱情生活其实是对理想和现实进行妥协和平衡的过程。现实生活中,许多具体的矛盾和问题之所以会发生,是因为人们对理想和现实的认识存在各种各样的误区,如对爱情的理解过于不切实际,观念上过于偏执或极端,解决实际问题缺乏有效的方法等。只有保持清醒的头脑,善于从生活中总结经验教训,不断提高认识,锻炼解决问题的能力,学习平衡各方面矛盾冲突的方法,才能让自己逐渐成长为能够掌控生活方向、掌舵爱情的人。

【问题表现六】恋人之间发生争吵怎么办

恋人之间发生争吵很常见,而且争吵常常是为了一些鸡毛蒜皮的琐事。许多年轻人在婚恋问题中最苦恼的就是吵架,他们搞不明白,为什么两个人好不了几天,就会不由自主地发生争吵。究竟是什么原因导致了争吵,争吵过后该怎么做才能缓解两个人之间的紧张气氛?

一、案例呈现

小周今年二十六岁了,三年前经人介绍谈了一个女朋友,两个人相处得不错,已经到了谈婚论嫁的程度。不过,最近一年小周遇到了些烦心事,自己怎么也走不出来,不得不向心理咨询师寻求帮助。

小周告诉心理咨询师,自己和女朋友最近一年总是吵架。细细想起来,吵架的起因都是一些鸡毛蒜皮的小事,可是不知道为什么,这些小事总能引发很大的冲突,而且每次都是女朋友先发火。由于女朋友在外地,他们之间经常通过手机联系。有一次小周接到女朋友的电话,还没说几句话,因为临时有事就匆匆挂断了。忙完事情已经很晚了,小周也就没有给女朋友回电话,他想应该没什么大事,如果有,女朋友会再打电话过来。过了几天,小周给女朋友打电话,女朋友在电话里语气很冷淡,说了没几句就挂断了。小周觉得有点不对劲,重新拨电话给女朋友,女朋友先是不接,小周坚持重拨了几次,女朋友接了电话,小周问她原因,女朋友很生气地说了句:"你自己想想!"就又挂断了电话。小周丈二和尚摸不着头脑,想了半天也没想明白。后来小周才了解到,女朋友生气是因为自己上次匆匆挂断电话的事。小周向女朋友说明了情况后,两个人又和好了。小周心里觉得女朋友有点儿小题大做,耍小孩子脾气,但也没怎么太在意,这件事就算过去了。但是随后又发生了几件事,如过完情人节,女朋友又生气不理小周,好长时间不给小周打电话,后来小周才搞清楚女朋友生气是因为他在情人节时没有任何表示。小周说,其实,在女朋友生日或者逢年过节,他都会给女朋友送一些小礼物,一些像情人节这样的日子,是网上的商业炒作,他觉得没什么意思,加之平时事情多,所以也不太留意,况且女朋友也没有说过情人节想要礼物的话。总之,一些类似这样的事情,总会让两个人闹一阵子别扭。

前段时间,因为两个人打算结婚,小周和女朋友商量应该怎么办婚礼,女朋友说:"你说怎么办就怎么办。"不过在谈到一些具体问题时,女朋友总是会提出反对意见。小周询问女朋友是不是有自己的想法,她又说自己没什么想法。搞得小周很恼火,心里憋着气。后来因为婚宴究竟在哪里举办的问题,两个人又大吵了一架。小周在气头上说了一句:"你到底想要怎么样?要不然干脆别结婚了!"女友哭着说:"不结就不结。"两个人从此谁也不理谁,一直在冷战。

心理咨询师帮助小周分析了他和女朋友相处及交流的模式,澄清每次事件中双方的感受和想法,提醒小周在处理两个人的关系可能存在的疏忽或误解,帮助小周从不同的角度来看待两个人的相处和沟通。经过咨询,小周拓宽了认识,加深了对两个人感情的理解,也领悟到如何以更加有效的方式与恋人沟通,如何体会他人感受，并真实自然地表达自己的感情，提高恋爱质量。

二、心理解析

在爱情关系中，每个人内心的安全感、独立与依恋行为、自我分化等深层次的心理状况会得到最大限度的展现。处在爱情关系中的双方，如果某些心理需求长期得不到满足，就可能产生冲突和矛盾。

（一）冷战背后的心理需求

从案例来看，小周和女朋友的矛盾冲突看起来都是因为一些生活琐事，这表现出了两个年轻人的不成熟。但从心理角度分析，在两个人交往的过程中，小周可能并未及时觉察女朋友潜在的心理需求，女朋友动辄生气的背后，表达的是对小周的不满和愤怒，是对小周忽视自己的反击和抗议。

在亲密关系中，恋爱双方对彼此都怀有一定程度的心理期待，期待对方能够明白自己想要什么，并希望对方能够满足自己，帮自己实现或达成愿望。但是出于种种顾虑，两个人羞于直接表达自己的需要，而是希望对方能够无师自通，即所谓"心有灵犀一点通"，并把对方和自己是不是有心理上的默契，作为评价感情亲近程度的标准。

分析案例中的情况，表面上看，小周的女朋友好像有点心眼儿小、不懂事，但实际上，从她在意小周电话、在意送不送礼物这些细节上分析，这其实表达的是一种想要得到关注和重视的情感需求。这也说明，女友对小周有着比较强烈的情感依赖和期待，但是因为小周并没有真正领会她的心意，无法满足她的情感需求，所以导致了她的不满和愤怒。她的逻辑是：既然小周爱自己，就应该明白自己想要什么；如果小周真的关心和在意自己，就不应该忽略那些用来表达感情的细节。

（二）亲密关系中的谜思

亲密关系中常常有许多思维误区，有人称之为"爱之谜思"。例如，"你既然爱我,怎么会不懂我""我生气了你都没发现,说明你不在乎我""爱我就应该时时刻刻关注我"等,就属于此类。

这些其实是恋爱中的不合理信念,是一种认知偏见和误区。恋人们常常受这种不合理信任的摆布,陷入许多负面情绪当中,从而激化了矛盾,造成误解和情感隔阂。

案例中小周和女友在表达各自的想法和意愿时,采用的是自己习惯而对方并不完全理解的方式。小周比较粗心,观察不够仔细,女友则比较含蓄,心里的想法一般不会直接说出来,这样两个人之间就容易产生误会,而且两个人又都是按照自己的逻辑和行为习惯去思考和行动的,这样必然会造成更多的矛盾冲突。因为以前的问题并没有得到彻底解决,后续的问题还在不断发生,累积的负面情绪没有得到完全释放,以致发展到后来,哪怕是很小的事情,也会引发很大的冲突。

三、心理辅导——恋人发生争吵时如何处理

争吵是情绪的产物。在争吵中和争吵后,都可以做一些有效的控制或补救措施,以减少争吵中的可能造成的情感伤害或因此而导致的情感隔阂。

(一)控制情绪,尽快恢复理性

吵架是对情绪的宣泄。"冲动是魔鬼",人在气头上,往往会口不择言,说出伤人的狠话,这是受情绪摆布的结果。这时,说出来的话往往比较极端,而且有可能出现过激行为。这些都是恋人吵架时需要注意和避免的。

争吵也并非全无益处。从好的方面来看,争吵也是两个人交流认识和情感的一种方式。在不得已发生争吵的情况下,一定要提醒自己控制好情绪,尽可能不使用过激的言语和行为。或者采取一些必要措施,以避免冲突升级和发生不必要的伤害。例如,暂时回避,保持沉默,在安全范围内允许对方宣泄,给双方足够的时间耐心等待双方的情绪平复,等等。待双方情绪平复之后,再来

进行理智的讨论和分析，力争从根本上解决问题，而不是打马虎眼，只求表面上风平浪静，息事宁人。

（二）争吵后必要的补救措施

1. 做好自我关照

争吵过后，情绪慢慢平复，这时要尝试去照顾好自己的情绪。例如，尝试理解自己到底在哪些方面感受到了伤害，对方究竟怎样伤害到了自己，避免把自己的情绪完全放在对方身上，任由负面情绪持续蔓延。

可以尝试对自己的情绪进行仔细辨别和分析，如"我是感到自己被忽视了吗""我是被拒绝了吗""我是被要求了吗"。尝试问问自己："有什么是我能为自己做的，使我在情绪上能感觉好一些""我需要朋友陪伴吗""我要不要出去转转，或者去吃一顿美食"。

争吵过后，先安抚自己，安顿好自己，让自己的情绪尽快平复，然后再来照顾和安慰对方，这样情绪的处理会更顺畅自然。

2. 进行理性思考

吵架总是有原因的。梳理一下自己的思路，回顾一下两个人如何从相亲相爱，发展到了相恨相杀的境地。一般而言，吵架的表面原因总是一些鸡毛蒜皮的小事，但是掩盖在表面触发事件之下的深层原因，可能涉及双方对彼此的期待、对方对待自己的方式、表达情感的方式方法等问题。许多激烈的争吵，往往是过往诸多事件造成的情绪积累的后果，而非一次性偶然出现。

案例中小周与女朋友的相处方式，以及小周不善于表达感情的缺点，都与女朋友对他的期待有很大落差有关。小周没有意识到这一点，女友则累积了许多对小周的不满情绪。所以每次两个人意见有冲突时，都会成为不良情绪的"扳机点"，激活女友对以前种种不满的记忆，唤醒她以往积累的不满情绪，并进一步增强当前情境下的不满和愤怒情绪。

因此，尝试思考两个人冲突问题的核心，理解问题产生的深层原因，让两个人更深入地认识和了解彼此，这对从根本上解决两个人之间的矛盾非常重要。

3. 积极准备重建沟通的内容和方式

恋人之间争吵过后，常常也会很快和解，像是什么事也没有发生一样。实际上，这很可能只是形式上的和解，问题仍然存在，没有真正得到解决。这对促进两个人关系的进一步发展是不利的。回避冲突、避重就轻，会使问题不断积累并最终恶化。争吵过后，尝试进行深层次的沟通和交流，争取发现问题的实质，加深彼此的了解和对彼此的理解，才能够真正解决问题，增进两个人的感情。

四、小结

马尔克斯在《霍乱时期的爱情》中有这样一句名言："世界上没有比爱更艰难的事情了。"恋爱中发生争吵是正常的，恋人之间发生争吵并非坏事，争吵也是一种沟通形式。怎么看待和处理争吵，则需要恋人们发挥各自的智慧，来解决和处理问题。在争吵中，情绪和问题都需要被重视，也都需要得到有效的处理。能够不回避冲突，积极进行建设性沟通的恋人，会获得更加令人满意的亲密关系。恋人相处时，学习进行建设性的沟通和交流，而非一味地指责和评判，才能真正有益于建立和巩固亲密关系。

第五章
婚姻家庭中常见的心理问题

【问题表现一】婚前婚后的变化

夫妻相处是一门艺术，和谐亲密的夫妻关系常常取决于两个人良好的相处能力。但在婚姻生活中，夫妻之间常常因为各种原因发生矛盾和冲突。怎样面对婚姻生活中的种种变化，恰当对待和处理夫妻之间的关系呢？

一、案例呈现

"心理咨询师您好！我是小方，我和妻子在结婚前关系一直都挺好，她和我一样，家在偏远山村，经济条件不好，生活比较辛苦。我觉得她经历过艰难生活的磨炼，欣赏她的肯吃苦、朴素和实在，认为她是我的理想伴侣。但是结婚后的日子过得并不像我想象的那样令人满意，我渐渐发现妻子身上的缺点越来越多。例如，她做事总是丢三落四、毛毛躁躁，而且婚后也不像婚前那样爱收拾和打扮自己了，显得邋邋遢遢的，让我在朋友面前挺没面子的。这些还是其次，我最不能忍受的是她安于现状，没有上进心。有时候我忍不住说她，她要么怪我故意找碴儿、嫌弃她，要么对我不理不睬，平时照样我行我素。为此我们争吵过许多回，现在她对我的抵触情绪很大，不管我说什么，她都沉默不语，我们陷入了"冷战"，已经很长时间不说话了。我平时的工作任务很重，心理压力很大,家里的大小事情也得我来安排和操心,我觉得非常累,很想有个人能替我分担一些,可她似乎根本不理解我。现在我们基本没有什么交流,这种情况已经持续好几个月了,我甚至有了离婚的念头,我该怎么办才好?"

心理咨询师在受理该案例后,先请小方静下心来回顾他和妻子婚前交往的情形,回想妻子当年吸引他、令他心动的品质,重新感受当年他和妻子彼此肯定和欣赏的感情,唤起他内心深处的温暖情感;接着和他一起客观分析妻子身上的优点和不足,指出他在无意中忽视的妻子在家庭生活、照顾孩子和老人等方面的辛苦付出和贡献,引导他用心体会当他因为各种不满指责批评妻子时,妻子的内心感受和想法,从而理解妻子为什么会对他产生抵触和反感的真实心理原因,让他认识到并深刻理解妻子的付出、隐忍、委屈和对他的深情。通过对自己和妻子的关系进行全面、客观的反思,小方最终看到了自己认识上的局限和片面,承认自己在处理夫妻关系时的确存在偏颇和不妥之处。他开始重新思考该如何更好地与妻子沟通,以改善两个人的关系。

二、心理解析

(一)夫妻关系问题的心理原因分析

在亲密关系中,如果双方的心理需求得不到满足,就可能产生隔阂和困扰。

在婚姻生活中,夫妻双方对彼此都会有一定的心理期待和需求,这些心理期待和需求如果得不到满足,就会导致对方的不满。案例中小方的抱怨和苦恼就属于这种情况。

1. 夫妻之间的情绪动力

进入婚姻生活,两个人的感情慢慢降温,生活回归平常状态。这时,夫妻双方都要面对并解决现实生活中的各种问题,两个人的关系也面临挑战和考验。情绪情感是影响夫妻关系的动力性因素,夫妻之间彼此欣赏、肯定,相互支持、鼓励,会让双方感到愉悦和满足,并进一步加深双方的情感;反之,夫妻之间如果总是相互指责、贬低、否定,必然会破坏两个人之间的情感,增加隔阂,加剧矛盾冲突。案例中，小方的事业处在发展上升期，他在工作上很努力，对自我要求很高；对待个人生活，他也有自己的标准和理想要求。婚前，他在选择结婚对象时是比较现实和理性的；婚后，他试图按照自己的理想要求来改造妻子。他叙述的几点都表达了他对妻子的不满、指责，乃至愤怒，而且，毫无疑问，正是这种不满、指责和愤怒，引发了妻子对丈夫的不满、抵触和反抗，夫妻二人之间充满了负面的情绪张力，关系日益紧张对立。

2. 批评指责是婚姻关系的杀手

由小方的叙述可以想象现实生活中夫妻二人的交流场景，当妻子面对小方的种种不满、挑剔和指责时，她所感受到的被贬低、被嫌弃、不被尊重的感受，以及这种感受带给她的羞辱和愤怒。小方的不满和指责，其实是对妻子自尊心的打击和伤害，本能地会引发妻子的愤怒情绪、逆反心理和反抗行为，她正是通过我行我素和冷战的方式向丈夫提出抗议并维护自己的尊严："既然你看我不顺眼，那好，我偏就这样了，看你能怎么样？"

（二）夫妻相处的心理密码

夫妻和谐相处最关键的是要能真切感受彼此发自内心的真诚爱意，双方拥有人格上的平等及相互之间的尊重。

1. 亲密关系里情感是重要基础

人生活在现实中，需要考虑各种现实因素。但在婚恋关系中，如果过于注重现实，对维持良好的夫妻关系而言，并不是一件好事。在婚姻生活中，维持夫妻关系最重要的因素，还是两个人之间情感的融洽程度。彼此相互吸引、喜爱、依恋、关心，彼此给予承诺，愿意为对方付出和承担责任，这些相爱的情感是两个人克服种种差异、共同建设婚姻和家庭生活的重要基础。没有爱情，要长期维持融洽和睦的婚姻关系，往往是很难做到的。案例中，小方夫妻在婚前相识的时间比较短，相互了解和彼此的感情基础都比较浅。但彼此也有共同认可和互相都能接受的优点和可取之处。婚后，两个人出现了差异和矛盾，尤其是当小方看到妻子身上的各种缺点时，对妻子产生了不满意的情绪。在这种情况下，两个人如何取得相互理解，想办法平衡两个人之间的差异，求同存异，保护两个人的感情并尽可能使这种感情向积极的方向发展，这是必须要两个人共同努力去做的。

2. 平等尊重

除了两情相悦，夫妻双方给予对方的尊重、平等、理解、支持、宽容、妥协等，都在亲密关系中起着积极的作用。家庭生活中，一些陈旧的、沿袭下来的传统生活观念和习惯模式也会影响夫妻之间的关系。例如，男尊女卑、大男子主义、女性在婚后放弃自我完善和追求，等等。案例中小方对妻子的期待和改造固然有不恰当之处，但如果妻子不注重自我完善和发展，在观念、态度和行动上总是跟不上小方的节奏，长此以往就会拉大两个人之间的差距，造成两人情感上的鸿沟和理解上的困难，增加矛盾冲突。此外，小方也需要反思自己的想法和做法，要求妻子时是不是方法不当、态度欠妥、过于苛责、忽略了妻子的感受；是不是没有传达给妻子足够的尊重和关心，导致两人关系处于不平等状态（丈夫挑剔强势，妻子则忍气吞声），从而造成妻子心理上的不满和情绪上的压抑。

3. 拥有共同的价值观念

婚姻关系中夫妻双方是否有共同的价值观念，这一因素影响并决定着夫妻关系的质量。价值观是人们在生活实践中逐渐形成的，它反映在工作、生活、婚姻、爱情等的方方面面。人们处理生活中遇到的每件事的方式方法和他们对这些事件的态度，都与本人的价值观息息相关。价值观不同的人，在婚姻中最明显的表现就是缺乏共同的生活目标，在是非善恶的衡量标准上也会完全不同。对待同样的事情，价值观相同或相近的人，容易达成共识，即便一个眼神、一个动作，对方都会心领神会，即便发生矛盾冲突也容易协调一致。而价值观不同或者完全相反的人，则不容易理解对方，只顾追求各自的目标，全然不顾对方；面对问题和矛盾时，也更容易互相指责，在行动上背道而驰。常言道，不是一家人，不进一家门。两个价值观不相同的人，总是以自己的价值标准要求和评判对方，在婚姻中各执己见、互不相让，谁也说服不了谁，矛盾和冲突就在所难免，在情感上也会产生隔阂，很难为对方提供心理上的支持。

三、心理辅导——怎样改善夫妻关系

婚姻生活中出现矛盾冲突很正常，怎么解决矛盾冲突则需要用心琢磨，只要处理方法得当，对增进夫妻感情、融洽家庭关系会大有裨益。

（一）善于自我反省，查找问题症结所在

案例中的小方努力想要改变妻子的种种不足，但效果却适得其反。他不但没有改变妻子，反而招致妻子的不满和抵触，两个人开始冷战，沟通难以继续进行。这时，需要夫妻双方都能静下心来认真反思自己以前的做法，查找问题的症结。

对于小方来说，他的问题在于操之过急，在对待妻子的态度和方法上都存在需要改善的地方。从心理感受上来说，当一个人总是被自己在意的人指责、批评时，很自然地会认为这是对方不满意自己、看不起自己、不能接纳自己的表现。为维护自尊，人会本能地为自己辩护，即便言语上不表现出来，也会通过行动来表达反抗的情绪。被指责和否定的次数多了，就会觉得自己不被尊重，感受不到爱意，也会因此对对方心生反感和不满。相反，如果一个人能从对方那里感受到爱意和关心，明确知道对方重视自己、在意自己，那么，她就会想做得更好，主动完善自己，以向对方展示更美好的自己，这就是教育心理学中的期望效应（也称罗森塔尔效应）。案例中的小方需要了解妻子的心理需求，改变自己以往对妻子的态度和做法，从而改善两个人之间的关系。

（二）停止指责对方，改善态度和方法

美国心理学家威廉·詹姆斯认为，人性最深切的秉质，是渴望被人赏识。指责是对他人价值的直接否定，会伤害人的自尊。夫妻关系恶化，往往是从相互指责开始的，改善要从停止指责做起，尝试以平和的态度面对对方，尽可能发现彼此的长处和优点，明确给予对方肯定和欣赏，鼓励对方完善不足之处。

这样做的基础是对对方真正表达关注和关心，彼此都能够感受到真实而积极的感情。符合实际而又满怀真情的赞美，是对一个人最好的奖赏，能最大限度地激起对方向好的积极动力。贬低、漠视、敷衍、搪塞，乃至欺骗的方法，都会成为损害两个人关系的杀手，使两个人的感情雪上加霜。

（三）提供切实可行的帮助，给予心理支持

每个人都有自己的不足，但谁也不愿意将自己的弱点暴露于外。对于案例中的小方来说，他看到了妻子的不足，应该为妻子提供切实可行的帮助，而不是居高临下地指责。这需要通过一些具体的行动来体现，如不满意妻子的衣着打扮，可以为妻子提供合适的建议或者选购一些合体的衣物，这样做既传达了自己的关心，也帮助妻子了解了哪些更适合她；希望妻子追求上进，可以根据妻子的实际情况为她指出发展的可能和可以努力的方向，鼓励并帮助她去实现自己的目标；等等。在妻子遇到困难和挫折时，能及时给予支持和安慰，帮助她渡过难关。这些都有利于加深两个人的感情，是建立良好夫妻关系的有效方法。

四、小结

俄国作家列夫·托尔斯泰在《安娜·卡列尼娜》的开篇写道："幸福的家庭都是相似的，不幸的家庭各有各的不幸。"婚姻生活中，要维系良好的夫妻关系并不是一件简单容易的事。在对待具体问题上，两个人不可避免地会出现各种分歧和矛盾。如何找到恰当的方法有效解决亲密关系中发生的种种问题，需要夫妻双方用心观察、用心体悟和长期努力。

总而言之，婚姻生活中，幸福和谐的夫妻关系更需要用心付出和认真经营。但在经营婚姻关系的过程中，掌握必要的心理学知识，善用心理原理和技巧，学习以恰当的方法来处理情感生活中遇到的各种矛盾和困惑，这无疑对改善和增进亲密关系、提高婚姻生活质量具有非常有益的作用。

【问题表现二】分居两地的夫妻相处

分居两地是军人婚姻家庭中的常见现象,两地分居的军人夫妻面临许多现实的困难。受环境和距离因素的影响,许多分居两地的军人夫妻很容易产生矛盾。分居两地的军人夫妻相处时该注意哪些方面呢?

一、案例呈现

"心理咨询师您好!我是小邓,向您咨询一件困扰了我许久的事情,是关于我的家庭生活的,请您帮我想想办法。

"上个月我的孩子生病了,妻子打电话希望我回去一趟。由于当时正在完成一项很重要的工作任务,脱不开身,考虑再三,我最终没有请假回去照顾生病的孩子。为此,妻子非常生气,和我大吵了一架,提出要和我离婚。我平时工作忙,和妻子的交流比较少,两个人之间积攒了许多矛盾。每次我探亲回家,过不了几天,我们就开始吵架,其实都是为了一些鸡毛蒜皮的小事。我也不明白为什么会这样,也许是我们的性格差异太大了吧,有时候我都害怕回家。我平时比较忙,这些事可以抛在一边,但一闲下来,想起这些事,我的心里就很烦恼,不知道该怎么办才好。现在妻子跟我闹离婚,这让我很痛苦,我不想离婚,可是我该怎么办呢?"

这是一例电话咨询。心理咨询师在详细了解情况之后,和小邓一起回溯还原他和妻子发生矛盾时的情形,运用空椅子技术帮助他进行换位思考,设身处地理解妻子的感受和情感需求。同时,通过分析两个人的互动模式和沟通方式,引导小邓看到两个人互动沟通中存在的误区和盲点,找到导致两个人分歧的关键原因,同时指点小邓练习有效沟通及语言表达的方法和技巧,体会不同表达方式带给人的内在心理感受。在心理咨询师的指导和帮助下,小邓恢复了信心,主动向妻子道歉并努力改善两个人的关系,最终夫妻二人和好如初。

二、心理解析

（一）夫妻发生矛盾的心理原因分析

夫妻发生矛盾，表面上看，往往都是一些琐碎的生活小事，但如果仔细分析，就能发现冲突背后隐藏的心理原因。

1. 缺少充分的沟通交流，导致负面情绪积累

分居两地的军人夫妻面临的最大问题是因交流缺乏而导致的情感上的隔阂，以及因互相不适应而导致的矛盾冲突。夫妻生活中需要有一定的相处时间，相互之间需要进行充分交流，以便能够相互了解，并且适应对方的性格、生活和各种行为习惯。由于长期不在一起，这种交流和相处的机会客观上就减少了。案例中小方由于工作忙，平时很少和妻子联系，回家探亲的时间也很有限，两个人在一起交流的机会很缺乏。这样一来，造成了两个人对彼此的了解不足，心理上没有完全适应彼此，再加上因各种琐事发生矛盾冲突，而积累了愤怒、不解、埋怨、失望等不良情绪，导致两个人在情感上有了隔阂。

2. 思维和行为方式不同，夫妻之间缺乏理解和宽容

每个人都有各自独特的思维和行为习惯，夫妻也不例外。夫妻之间除了性格上有差异，各自的想法和处理问题的行为方式，都可能完全不同，如果彼此缺乏充分的了解和相互理解，很容易造成矛盾冲突。在婚姻生活中，夫妻关系质量如何，衡量的因素之一是要看夫妻双方在处理日常事务时的一致性程度如何。如果夫妻之间缺乏理解，双方都习惯从自己的角度出发考虑问题，不善于为对方考虑，也不愿意做出妥协和让步，在处理事情时各执己见、各行其是，忽略了对方的心理需求，那么夫妻很容易经常吵架。

3. 争吵时不善于控制情绪，出口伤人

夫妻吵架在所难免，吵架其实也是一种交流方式。但是在吵架中常出现这样的情形：夫妻双方不懂得控制自己，一味放任情绪，争吵时口不择言，怎么解恨怎么说，常常用毫不留情的言语伤害对方的自尊，感情因此而受到伤害。

（二）离婚的几种原因

婚姻生活中矛盾冲突不断，会给夫妻双方造成很大的心理压力，为了摆脱压力，年轻的夫妻在遇到矛盾冲突时，往往很容易想到以离婚的方式来解决问题。实际上，夫妻二人之所以选择离婚，很可能只是想从糟糕的关系中脱身，而非真正解决问题。

1. 矛盾积累降低婚姻生活质量

婚姻生活中夫妻双方会遇到各种问题和矛盾，如果不采取适当的方法及时加以解决，矛盾不断积累加深，夫妻关系不断恶化，夫妻双方感受到的心理压力也会与日俱增。对于分居两地的军人夫妻来说，由于平时相处的时间极为有限，矛盾更容易积累，这无疑会影响两个人的亲密关系，降低婚姻生活的质量。如果夫妻双方从婚姻生活中感受不到温暖和亲密，对维持婚姻关系的信心自然就会下降。

2. 感情疏远导致夫妻关系破裂

婚姻生活的内在基础是感情。如果夫妻双方感情淡漠疏离，是无法建立融洽亲密的关系的，这会在很大程度上破坏婚姻生活。人们常说，家是港湾，意即家庭是人们修养身心的重要场所。这是因为家能提供给人安全、温暖和被理解的感觉，以及心理上的巨大支持。如果夫妻之间矛盾冲突多，感情隔阂大，两人见面时剑拔弩张或者形同陌路，婚姻生活不但没有了吸引力，而且给身处其中的人以压抑和绝望的感觉，"港湾"的作用和意义也就不复存在了，选择离婚自然在所难免。

3. 情绪冲动之下草率离婚

亲密关系的建立往往非一日之功。婚姻生活开始后，热恋期的激情逐渐褪去，生活回归到平常，夫妻两个人在生活中会逐渐发现对方身上更多的缺点和不足。两个人的交流和相处方式、处理问题和矛盾的方法与技巧等，都需要逐步磨合锻炼。这期间，发生冲突、出现争执，都是很正常的事情。但在现实生活中，常常有年轻夫妻因为一些琐事而在情绪冲动之下草率做出决定，以离婚的方式来解决暂时的矛盾，事后又觉得后悔，这种情形常见于年轻夫妻。

三、心理辅导——分居两地夫妻相处的注意事项

对于分居两地的军人夫妻来说，相互理解、彼此支持，了解矛盾冲突背后的心理原因，学习掌握一些有效的表达感情和交流的方法，减少吵架对感情造成的破坏性影响，有利于维护夫妻之间的良好感情。

（一）接纳现实状况，自觉维护感情

对于军人家庭来说，聚少离多几乎是一种生活常态。军人职业的特殊性决定了军人夫妻不可能像一般家庭那样朝夕相处。对于年轻的军人夫妻来说，对这样的客观现实要有比较清楚的认识和足够的心理准备。如果心理准备不足，那么这就可能成为婚后两人发生冲突和爆发危机的根源。

在认清并接纳现实状况的基础上，需要以认真负责的态度看待情感问题，在恋爱和婚姻方面进行全面、成熟的考虑。而一旦做出决定或选择，就要珍惜自己的选择，并为维护情感做出相应的持续的努力。

（二）尝试进行有效的感情表达

亲密关系建立的基础是彼此拥有互相信任、互相依赖的感情基础。在夫妻相处的过程中，能不能向对方恰当无误地表达自己的感情，能不能理解并准确感受对方的感情，是夫妻双方都需要认真探索和提高的一种心理能力。对于军人而言，从恋爱到进入婚姻和家庭生活的各阶段，都需要有意识地进行这种能力的培养。夫妻之间表达感情和彼此沟通的方法可以因人而异。需要注意的是，现实生活中许多夫妻虽然也有表达和沟通，但往往是无效的表达和沟通，这样的表达和沟通不但不利于增进夫妻感情，反而有可能制造或者加大两人之间的误会和隔阂。至于什么样的表达和沟通方法才是有效的，需要夫妻双方共同努力，在不断的摸索中，逐步形成两个人都能接受和理解的理想的沟通模式。总的来说，需要做以下几个方面的努力：一是学习积极主动地表达感情和进行沟通；二是学习以恰当的方式表达自己内心的真诚和善意；三是学习倾听对方；

四是学习接纳对方与自己在各方面表现出来的差异和不同；五是学习以恰当的方式处理家庭成员之间的矛盾和分歧；六是学习在不同的生活阶段保持、更新及加深两个人之间感情的方法。

（三）平衡工作和生活的关系

军人的工作性质不同于其他职业，其工作的强度、紧张度、危险程度和困难程度往往都比较高，需要投入的精力和时间常常大于平常人。军人对家人和家庭生活投入的时间和精力相对有限。在这样的客观情况下，尽可能平衡好工作和生活的关系就很重要。对于长期分居两地的军人夫妻来说，在客观条件的限制下，尽可能平衡好工作和生活的关系很重要。例如，充分利用各种可行方式联系家人，如多给妻子、孩子及其他家人打电话、聊视频，提供力所能及的帮助等，即使解决不了实际的困难，也可以帮忙出主意，说些关心、安慰和鼓励的话，这些细节都会让妻子、孩子及其他家人感受到支持、温暖和安心。

四、小结

我们经常说，家是心灵休憩的港湾。人是情感动物，家庭是亲密情感的摇篮，家人之间的感情质量直接影响人的心理状态。所谓家和万事兴，和谐幸福的婚姻和家庭生活，不但能够帮助军人保持健康稳定的身心状态，也有利于军人安心于军营，促进个人的事业发展。夫妻相处是一门艺术，如何经营建设良好的夫妻关系，需要年轻的军人认真观察、思考和学习，用心探索行之有效的沟通交流方法，时常有意识地对自己的认识和行为进行反思和完善，提高自己以恰当的方式表达真情实感的能力，促进彼此的理解和情感融合，通过多方面的努力，营造情感和谐美满、生活幸福充实的婚姻家庭环境。

【问题表现三】夫妻争吵的艺术

夫妻之间的沟通交流方式是多样的，吵架也是一种特殊的交流方式。如果能够了解夫妻吵架的心理原因，减少吵架带来的负面影响，化吵架为婚姻家庭生活中的有趣风景，那么夫妻关系就不会因为争吵而发生根本性的变化。

一、案例呈现

"老师您好！我姓杨，结婚有两年了。我平时工作比较忙，妻子在另一个城市工作。她是教师，每次放假都会到部队来看我。我们只有这些时间可以在一起，相聚的时间很短、很珍贵。可是我们每次在一起没几天就开始吵架，吵架的原因也都是一些小事，两个人意见很容易不一致，总也说不到一起去。这种争吵很影响我们的感情，让我很烦恼，该怎么解决这个问题，请老师指点一二。"

心理咨询师请小杨详细描述引发他和妻子产生矛盾的具体事件，回顾两个人发生争吵的真实场景，分析其中隐藏的各种影响因素，剖析关键性的心理原因，帮助小杨一步步看清他与妻子相处过程中被忽视的地方，找到两个人沟通中的差异、误区和各自的短板，指点小杨有效沟通的方法和技巧。小杨在心理咨询师的帮助下，对妻子、对自己、对两个人的关系都有了更进一步的认识，他开始尝试改变自己，以更加温和的态度和灵活的方式与妻子相处。

二、心理解析

（一）夫妻吵架的心理原因分析

案例中描述的情况是家庭中很常见的现象。从心理学的角度来讲，吵架其实是夫妻之间一种特殊的沟通方式，只不过这种沟通方式的效果往往弊大于利。夫妻吵架的可能原因有以下几种：

1. 各执己见

夫妻争吵常常源于意见不合，双方都各执己见，互不相让。在家务劳动（如谁做饭、谁洗碗）、照顾孩子、回家过年、吃饭购物、家庭财务管理和分配等方面，夫妻之间都可能出现意见不一致的情况。如果坚持自己的意见，互不妥协，势必引起争执。

2. 性格因素

争强好胜，以自我为中心，不善于站在对方的角度考虑问题，自尊心强，好面子，性格倔强，急躁等性格特点，都会容易导致夫妻之间发生矛盾和争执。

3. 思维模式

婚姻生活中，夫妻双方的矛盾冲突有时候是源于各自不同的思维模式。例如，丈夫回家晚了，一进门，妻子就问：「怎么回来得这么晚？饭菜都凉了。」丈夫一听，生气了，回了一句：「你管我呢！」妻子火气也一下子上来了，两人便吵了起来。其实，妻子询问的意思在第二句"饭菜都凉了"上，对丈夫表达的是关心之意，但在丈夫听来，重点放在了"回来得这么晚"上，以为妻子在责备自己。两个人的思维模式不同，在理解对方的语义上都出现了偏差，导致了误会和矛盾的发生。

（二）吵架中引起负面作用的一些现象

观察夫妻吵架的过程，双方通常以情绪化的言行为主。吵架之所以会发生，往往是一方的言行伤害了另一方的自尊心，触发了另一方的愤怒情绪和攻击性言语行为。

1. 指责人品

指责对方人品是对对方人格尊严的贬低，这会引起对方的愤怒情绪。例如，指责对方"不负责任""自私自利，只顾自己""品行不好"等。类似这样的指责，往往会使夫妻之间的矛盾冲突由生活琐碎升级为对对方人格尊严的谩骂贬低，直接伤害到对方的情感。

2. 推诿责任

推诿责任是指在争吵中一味责怪对方，指责对方的不是，从而造成被指责方的巨大心理压力和委屈不平的情绪感受。例如，埋怨对方"这都怪你不好""是你非要这样做，才导致这样的结果""不听我的，咎由自取"，等等。这样的责怪是将事件的责任一股脑儿推给了对方，忽视了对方做出的努力，否定了对方好的意图，造成评价上的不公平、不客观感。

3. 翻旧账

夫妻吵架时，最容易做的且让对方最反感的就是翻旧账。将既往发生的事情重新提起并加以指责，这在被指责的一方看来，常常觉得莫名其妙、不可思议，从而认为对方胡搅蛮缠。实际上，很大一部分原因在于，发生过的事件中，一方感受到的不满和负面情绪并未真正得到消除，两个人之间的问题仍然存在，但是另一个对此没有觉察或不认为是问题，时过境迁，早已忘了。

三、心理辅导——如何看待和处理争吵

吵架总能找到相应的原因。年轻夫妻之间发生争吵的原因常常在于双方理解对方的能力、控制情绪的能力、沟通交流的能力等方面存在不足。可以尝试从以下几个方面加以改善。

（一）学会倾听

人们表达自己的方式有很大差异，如有的人说话直接；有的人说话含蓄；有的人喜欢倾诉；有的人沉默寡言，不愿多说话，喜欢用实际行动表达自己的心意；等等。夫妻相处时，要仔细观察对方的性格特点和表达方式，在交流中，多花时间倾听对方是怎么说、怎么想的，尽可能明白对方真正想要表达的意思。切忌只顾自己说，而忽略了对方的感受，或者倾听对方说话，不能理解对方的真实心意，这样会使两个人的关系出现隔阂。

（二）学会表达

人与人之间难免有观点和行为上的差异，夫妻感情再好，在处理各种现实问题和生活琐事时，也会存在这样或那样的分歧。这就需要夫妻双方在交流过程中，学习以对方容易接受和理解的言语方式来表达自己的想法、看法或者态

度。在生活中，许多矛盾也是因为夫妻语言表达的不充分、不适当导致的。在使用语言时，要注意表达出自己对对方的关心、尊重和善意，忌讳不顾对方感受而武断决定或一意孤行；还要注意尽可能做客观表述而非横加指责或否定性评价，以免给人造成不平等、被忽视、不被尊重等不良的心理感受，以致激起对方的愤怒、沮丧、失望、压抑等消极情绪。

（三）学会控制情绪

夫妻吵架在所难免，绝对避免吵架并不现实，也没有必要。如果能够正确对待，吵架也能够成为夫妻之间情感沟通的一个有效手段。年轻夫妻发生矛盾时怎么争吵、争吵时应该注意什么、因为情绪失控而口不择言说了伤害对方感情的话应该怎么弥补等，这些问题，需要认真思考。

1. 着眼于解决问题，而非恣意宣泄情绪

许多夫妻在吵架时常常会透露出一些信息，这些信息很可能有助于消除彼此的误会。例如，情绪不好的真正原因，是那些指责性的语言中隐藏的真实情感。读懂这些原因，需要双方用心加以辨析和理解。但如果争吵只是一味宣泄情绪，逞一时的口舌之快而不顾后果，只可能使双方的消极情绪体验加剧，加深彼此的隔阂。

2. 理性看待问题，切忌指责和翻旧账

如果争吵不可避免，夫妻双方要提醒自己注意控制情绪，就事论事解决问题，理性看待矛盾冲突；而不是受情绪驱使怎么解恨怎么说，或者一味地想要证明或强调对方有错，指责对方或翻旧账，伤害两个人的情感，增加两个人之间的隔阂。

四、小结

年轻夫妻在共同生活的过程中总要经历一定的适应期和磨合期。这个阶段发生矛盾和冲突是很正常的现象，如何处理两个人之间的矛盾冲突，对于夫妻

双方而言，都需要认真观察、思考和学习。正是在不断的冲突和适应中，夫妻双方才能在认知、情感和相处方式上进行摸索和逐步完善，心理和情感才能不断走向成熟。因此，做生活的有心之人，正确对待夫妻之间的矛盾和冲突，学习争吵的艺术，才能不断促进夫妻情感升温和使家庭生活幸福谐和。

【问题表现四】孩子为什么不听话

军人家庭生活中，子女教育是重要的生活内容。随着社会的不断发展，子女教育成为军人最为关注的话题。孩子成长过程中遭遇的各种问题，也对军人家庭提出了新的挑战。

一、案例呈现

"我是老马，我儿子今年十四岁了，为了他的教育问题，我和他妈妈操碎了心，可是这几年情形越来越糟糕。儿子小学阶段还可以，学习虽然不是很拔尖，但还算比较认真。上初中后他开始经常逃学，去网吧玩游戏，为此经常被老师批评。我们也想了许多办法，但都没有明显的效果。现在的情况是，孩子的逆反心非常重。他和我的关系比较紧张，我说他，他不赞同就会顶撞我，不过有些话说到他心上了他也会听；他和他妈妈的关系比较亲近，但他妈妈说什么他都不愿意听，一副油盐不进的样子。有时候我气急了打他，他就说：'你打吧，打死我算了！'我们现在一筹莫展，不知道该怎么办才好。"

心理咨询师听了老马的诉说后，详细询问了老马和他儿子各方面的情况。心理咨询师从夫妻关系、父子和母子关系、家庭教养模式等方面着手，进行全面深入的分析，帮助老马详细了解和理解与儿子成长息息相关的各种影响因素及其作用，解释儿童心理成长的规律和特点，指出家庭教养过程中存在的问题，以及他的儿子现在各种表现背后的深层心理原因，指导老马学习如何与青春期的孩子相处，提醒他及时改进教育方式、方法和态度，以更加科学有效的方式协助、陪伴、引导儿子循序渐进地成长。

二、心理解析

（一）孩子不听话的心理原因分析

影响儿童成长的因素是多方面的，但家庭教育是其中最为重要的因素。在家庭教育中，父母与孩子之间的交流模式、亲子之间的情感联结方式，都会对孩子产生影响。案例中的老马和妻子分居两地长达十余年，孩子六七岁时一家人才团聚，但由于平时工作忙碌，老马很少过问孩子的事情，照顾和教育孩子基本由孩子的母亲和姥姥姥爷承担。孩子的母亲也有工作，她本人性格比较急躁，对孩子的学习很重视，但遇到问题时处理的方式比较简单，责骂孩子的时候更多一些。姥姥姥爷则比较宠溺孩子，孩子犯了错，姥姥姥爷常常是孩子的"保护神"。上初中后孩子进入青春期，逆反心理愈发严重，跟爸爸的关系较为紧张，但爸爸说的一些话他也会听；和妈妈的关系较为亲近，但妈妈说什么都没有效果。从该案例中可以看出以下几点。

1. 父亲角色缺失对孩子成长有不利影响

由案例分析，在孩子早期的教育环境中，父亲角色处于长期缺失状态。从心理学意义上来讲，一个人的健康成长依赖于相对完整且关系良好的家庭养育环境。在婴幼儿时期，父亲和母亲这两种角色及父母之间关系的融洽程度，都会对孩子的教育和心理成长产生重要影响，对男孩而言，父亲就是他成长中效仿的榜样，他和父亲关系如何，影响着他男性性别角色和性别意识的发展，也会影响他的心理和行为的健康发展。父亲角色缺失，意味着孩子在成长过程中少了一个可以参照模仿的重要对象，他对父亲可能很难建立起亲近和信赖的情感，他的性格、行为等方面的发展也会受到许多消极因素的影响，这也是孩子在青春期时容易出现心理问题和行为问题的重要原因。

2. 教育方法简单

在教育孩子时，需要根据孩子的心理特点循循善诱，恰当地进行引导。案例中，孩子母亲的性格较为急躁，对孩子进行教育时方法比较简单，常常使用一些情绪化的语言指责孩子，如"你这孩子怎么这么不省心，我白养活你了"；或者不懂得尊重孩子，拿孩子和他人做不恰当的比较，如"你怎么不学学你们班的某某，你看人家学习又好，又懂事，哪像你！"这样的说话方式是对孩子的贬低和否定，伤害了孩子的自尊心，会让孩子感到自卑、内疚和愤怒，会加剧孩子的逆反心理，是无效且有害的沟通方式。

3. 教育孩子时家庭成员态度不一致

案例中，由于爸爸经常不在身边，妈妈忙于工作，早年孩子一直由姥姥姥爷照顾，孩子和姥姥姥爷的感情非常好，姥姥姥爷对孩子也很宠溺。后来一家人团聚，孩子这时候也进入了青春期，表现得越来越叛逆，动辄与父母发生冲突。而每当爸爸妈妈教育孩子的时候，姥姥姥爷总会不由自主地站在孩子一边，每每替孩子开脱。这样一来，更加削弱了爸爸妈妈在孩子面前的权威，教育效果自然可想而知。

（二）"听话"未必是好事

家庭教育中一些习以为常的教育观念需要辩证看待。

一般而言，在教育孩子时人们习惯遵循一些固有观念，如希望孩子听话、懂事、不淘气、不惹麻烦，等等。教育中培养孩子的规则和自律意识的确很有必要，但从儿童心理发展的角度而言，一味强调孩子听话，未必是好事。

1. 过于强调"听话"会扼杀孩子的天性和创造力

孩子的天性就在于对眼前的世界充满好奇，富于探索精神。在他们认识周围世界的过程中，这种好奇心和探索行为多多少少会造成一些"麻烦"，如玩水弄湿衣服，把家里所有抽屉、柜子打开翻乱东西，把玩具扔满一地，喜欢爬到沙发靠背上，好动等，这些行为破坏了成人眼里的秩序和规则，也可能给孩子带来一定程度的危险或伤害，因此父母很自然地希望孩子能够听话、遵守规则。但是人的成长是一个复杂的、不断发展变化的过程，对于孩子的"不听话"行为，需要进行辩证分析。从有利的方面来看，童年期看似顽皮淘气的各种行为背后，反映的其实是孩子认识世界、探索世界的独特方式，是孩子想象力、创造性的具体体现。对于父母而言，如果不注意观察孩子，不能通过适当的方式引导孩子的兴趣、循序渐进规范孩子的行为，而仅仅以简单粗暴的方法强行加以阻止，就会让孩子感到迷惑和无措，容易激起反抗情绪，效果上自然适得其反。此外，一味要求孩子"听话"，也会扼杀孩子的天性，阻碍孩子想象力和创造性的进一步发展。

2. 过于强调"听话"会阻碍孩子个性健康发展

童年期是人个性发展的关键时期。以性格发展为例，性格是人在具体的实践活动中，在与客观世界相互作用的过程中逐渐形成并稳固下来的。如在与人交往的过程中，经常和人交往的孩子更容易发展出坦率热情的性格，那些拘谨害羞的孩子则常常表现得不习惯或不愿意和人打交道。在行为表现上，有的孩子主动、积极，有的孩子退缩、懒散，这些特点也与他们的成长环境、家庭教育等因素息息相关。孩子性格的塑造与发展，是与父母的教养态度和教养方式有着密切关联的。观察发现，那些在相对宽松、温暖、安全的家庭环境中长大的孩子，更容易形成开朗热情、积极主动的正向性格，身心发展也更为健康。因此，针对每个孩子的特点，以恰当的方法加以教育引导，才有可能帮助孩子形成良好的个性品质。

3. 过于强调"听话"会影响孩子的心理健康

儿童的天性是好动、贪玩，对周围世界充满好奇心和探究精神。要求孩子凡事都顺从、听话，就不可避免地会抑制孩子的自然天性，给孩子的心理发展造成不良影响。心理咨询中发现，那些在童年期被严重忽视、虐待或被过度限制约束的孩子，更容易形成拘谨自卑、退缩被动的负向性格，也很容易产生各种心理问题，甚至诱发精神疾病。生活中我们也常常会观察到，那些表现得听话、顺从的人，往往比较自卑、退缩，人际交往过程中也存在障碍，这样的人格特点大都与童年期父母过于严厉的管教方式或行为被过度限制有关。如果孩子在成长过程中长期被过度约束和限制，会导致自信心缺失、做事没有主见、行为退缩、自闭等，这是不利于孩子心理健康发展的。

三、心理辅导——如何科学教育孩子

家庭教育中,需要提醒父母注意的是,批评孩子要讲究方式、方法,要照顾孩子的心理需求。

在通常情况下,父母感到头痛的就是自己对孩子说什么似乎都不起作用,就像案例中反映的情况一样。究其原因,主要在于父母批评孩子的方式、心态、时机没有把握好。批评的目的是帮助孩子成长,引导孩子不断适应社会,但在实际生活中,父母批评孩子的情形往往比较复杂。

(一)批评的艺术——不恰当的批评方式

1. 情绪化的施压

面对调皮捣蛋的孩子,家长避免不了会被惹急。一旦情绪被激发,父母内心许多压抑的情绪也都可能被一并诱发出来,形成情绪风暴。"你说你怎么这么不懂事?我整天辛辛苦苦为了谁?你吃得好穿得好,想要什么给什么,你还这么不听话?"像这样去数落孩子,会让孩子感受到很大的内心压力,一方面会认为父母对自己的爱都是有条件、有代价的,他会因此而感到怀疑、失望、伤心和愤怒;另一方面他内心深处也会产生内疚和自责,觉得自己对不起父母。这些复杂情绪积压在孩子心中,常常成为亲子冲突和孩子心理行为问题的根源所在。

2. 翻旧账

许多家长在批评孩子的时候,喜欢旧事重提。例如,看到孩子没有收拾房间,妈妈生气了,但在数落孩子的时候,还会联想到他以前的许多毛病,如钥匙忘了带、没有及时完成作业、玩游戏、玩手机,等等。这样翻旧账式地数落孩子,会让孩子感觉自己在妈妈眼里一无是处,从而激起孩子的反感和厌烦情绪。批评是一种否定,会伤及对方的自尊,对于成长中的孩子来说,批评多了,过犹不及,反而起不到批评的作用。就收拾房间这件事而言,家长完全可以就事论事，以解决眼前的问题为主，反提醒孩子收拾好房间就可以了。

3. 批评过于频繁

父母眼中的"犯错"，在孩子眼中可能并不认为有错。如果一看到孩子有不合规矩的表现就加以批评制止，不问青红皂白，或者完全不顾孩子的感受，这样做是不合适的。对孩子进行过于频繁的批评和指责，不但起不到批评的作用，还会伤害孩子的自尊心，造成亲子之间的矛盾隔阂。父母常常习惯站在自己的角度看待孩子的问题，这样在批评教育孩子时，容易出现理解上的偏差，从而影响批评教育的效果。孩子犯错究竟是什么原因，需要父母认真了解并搞清楚，学会从孩子的角度看问题。在不得不批评孩子时，也要采取适当的、孩子能够接受的方式、方法，而不是滥用父母权威，强行压制孩子。

（二）批评的艺术——恰当的批评方式

1. 就事论事

孩子犯了错，的确需要及时指出并帮助孩子尽早改正，以促进他的顺利成长。但要谨记的是，批评的目的是帮助孩子改正错误，而不是父母随心所欲地宣泄情绪。例如，在孩子犯错时不盲目纵容；但批评时也要懂得尊重孩子的人格，保持理性，不将自己的负面情绪随意抛给孩子；不翻旧账，就事论事指出当前错误，切忌以偏概全去否定、贬低，甚至羞辱孩子。

2. 尊重孩子

批评孩子的目的是帮助引导孩子更好地成长，所以从帮助引导的初衷出发，实事求是地讨论问题，而不是滥用父母权威，一味贬低、指责、打压孩子，无视孩子的尊严。也就是说，着眼于当下的问题，指出孩子的错误所在，帮助孩子找到正确的解决办法，支持孩子的正当行为，让孩子感受到真正被理解、被尊重。

3. 明确责任

孩子之所以屡屡犯错，有一个原因是他意识不到自己要承担什么样的后果。例如，孩子挑食，不好好吃饭，还不小心打翻了一盘菜，妈妈批评孩子不吃饭习惯不好,毛手毛脚,然后问他:"知道错了没?"孩子说:"知道了。"妈妈便说:"那就好好吃饭,下次再不许这样了!"但是孩子下次还有可能出现同样问题。原因何在?其实妈妈这种教育孩子的做法给孩子的感觉是:打翻一盘菜的代价不过是被妈妈数落一顿而已,不痛不痒。所以批评的效果是有限的,最有效的方法是明确告诉孩子:你的这顿饭结束了,你得离开饭桌,但下顿饭你可以来吃。这样一来,孩子知道了打翻饭菜要承担不能吃饭的代价,下次就不会再犯同样的错误了。

4. 注意时机和场合

人都是要面子的,成长中的孩子更在乎自己在他人面前的形象。古人有云:当众不责,饮食不责,晨暮不责。要注意,不要在大庭广众之下,尤其不要在孩子在意的人面前随意责备孩子。那样做会伤害孩子的自尊心,让孩子觉得自卑,对批评产生反感和抵触情绪,对批评他的人也会心生怨恨。批评孩子时,最好选择比较私密的场合,尽量保护孩子的自尊。

5. 注意批评的方式、方法

三岁前的孩子,他的许多所谓"过错",如扔玩具、玩水、到处翻看等行为,其实是孩子的好奇心使然,是他探索周围世界的正常现象,父母对此要有科学的认识和客观的态度,对孩子要多一些理解和宽容,善加引导。发展心理学研究表明,三到五岁孩子的自我意识增强,有了自己的想法,以自我为中心的表现明显,显得"不听话""不好管",这个阶段的孩子会令家长感到头疼不已,家长需要拿出更多的耐心,教育引导孩子时要注意方式方法。例如,让孩子明白自己的行为会造成怎样的后果,自己需要承担怎样的责任等,以此帮助孩子逐步树立责任意识。五岁以后,孩子的心智不断发展,这时候要注意平衡好孩子的天性和规则约束之间的关系,逐步培养孩子的自控能力,巩固发展孩子的自律意识和行为。

6. 批评孩子时家庭成员要有共识

在教育批评孩子的问题上,如果家里的成人没有达成共识,意见不统一,批评的效果就会大大削弱。例如,父母在教育孩子时,爷爷奶奶因为心疼孩子而护短、阻拦,那么孩子就会有恃无恐,不把父母的批评当回事。因此,平时家人之间应该多交流，尽可能在教育孩子的问题上达成共识，保持一致，默契配合。

四、小结

亲子教育对军人家庭而言非常重要。如果孩子的教育出现问题，全家人都会陷入困扰和苦恼当中。如何帮助成长中的孩子健康顺利发展，是每位父母都要认真思考和对待的问题。平时在生活中要用心观察自己的孩子，深入了解孩子，并且能够根据孩子的特点循循善诱、耐心教导，帮助孩子不断成长。父母也需要掌握必要的科学知识，经常反思自己并不断改进自己的教育方法，与孩子建立良好的亲子关系，让孩子充分感受到安全、温暖和信任，以及被接纳、被肯定、被支持的家庭氛围，提升家庭教育的质量和效果。

【问题表现五】高高兴兴上学去

孩子到了上幼儿园的年纪，许多年轻父母都会遇到一个令人头疼的问题：每天送孩子上幼儿园时孩子都会哭闹不休，不愿意去。孩子上幼儿园哭闹不休的原因究竟是什么？该怎样解决这个令父母苦恼的问题呢？

一、案例呈现

小张最近几个月遇到了一件很苦恼的事情，就是孩子上幼儿园的问题。他的儿子今年三岁了，半年前上的幼儿园，刚开始几天，儿子表现得挺好，不但不哭不闹，还好像挺高兴，但是三天后，他就不怎么愿意去幼儿园了。只要到了幼儿园门口，他就开始哭，拉着小张的手怎么都不愿意进去，每次都是小张强行把他交给老师。刚开始小张和爱人觉得是孩子不熟悉幼儿园的环境，时间长了，他慢慢就会习惯。可是过了快半年，孩子每天早上去幼儿园还是哭哭啼啼的。小张和爱人也想了许多办法，但都不管用。小张和爱人平时工作都挺忙的，这半年为了儿子上幼儿园的事两个人疲惫不堪，不知道自己究竟该怎么办才好。

接到小张的咨询，心理咨询师详细了解了小张的家庭情况、家庭成员相处及与孩子相处和沟通的方式、方法，还有孩子出生前后、养育过程中的细节，孩子上幼儿园前后的各种表现，孩子的性格特点，以及家长与幼儿园老师的沟通等各方面的情况，逐一分析各种相关细节，深入了解并理解孩子哭闹背后的心理原因，分析可行的应对方法。在心理咨询师的帮助下，小张逐渐缓解了自己因孩子入园哭闹而产生的焦虑情绪，也理解了孩子哭闹的心理需求，开始认真思考并尝试以更加温和耐心的态度、科学有效的方法帮助孩子度过从家庭到幼儿园的适应期。

二、心理解析

（一）孩子不愿意上幼儿园的心理原因

进入幼儿园是孩子社会化发展过程中的一个重要阶段，是孩子从家庭步入社会的第一步。两到三岁的幼儿已经发展出了比较复杂的情绪情感体验。当孩子离开熟悉的家庭环境和亲人，进入一个完全陌生的环境时，首先体验到的就是不安和害怕，这种心理上的不安和害怕会引起焦虑、紧张等负面情绪反应，孩子因此本能地想要寻求妈妈的保护，以获得安全感，这种现象在心理学上称为"分离焦虑"。

孩子的个性特点也是影响因素。例如，抑郁质的孩子可能容易对环境敏感，上幼儿园前养成的习惯难以在短期内改变、情绪容易低落等。有这类个性特点的孩子，在进入幼儿园后，要经历较长的时间才能适应。

当然，孩子哭闹也可能与情境因素、身体原因等有关。例如，看到周围其他孩子哭，自己也会受感染，跟着哭起来，或者在幼儿园时有过被小朋友欺负或被老师批评等不愉快的经历，以及身体生病等原因，诸如此类的因素也会让孩子在上幼儿园时意愿不强，通过哭闹表达自己不愿意的情绪。

（二）缺乏入园前的适应性准备

家庭和幼儿园是两个不同的环境，孩子从家庭环境进入幼儿园，环境上的改变很可能会引起心理上的各种不适。因此，对家长来说，事先做好各种准备工作很重要。例如，帮助孩子逐步熟悉幼儿园环境，减少或消除陌生感；协助孩子和同龄人建立友谊，增强与人共处和交往的能力；指导孩子掌握必要的生活技能，如穿脱衣服、系鞋带、上卫生间等，提高自理能力。做好这些准备工作，有助于孩子实现从家庭向幼儿园的顺利过渡，能够帮助孩子尽快适应新的环境。

如果事先缺乏这方面训练和准备，孩子入园后很可能会因为对幼儿园的陌生感、与小朋友相处时的冲突体验、生活技能较差导致的挫败感等，而产生并强化心理上的不适感受，并进而形成对幼儿园的排斥心理，增加入园和适应困难。

三、心理辅导——如何帮助孩子适应幼儿园生活

前面讲过，孩子初上幼儿园时的哭闹，是一种分离焦虑反应，是孩子离开家、离开父母进入陌生环境时感到害怕不安的紧张情绪反应。要克服这种焦虑情绪，就需要了解孩子的内心感受，理解他的心理需求，能够给孩子营造让他感到安全的环境和氛围，这需要父母、幼儿园老师、家中照顾孩子的其他亲人等各相关人员积极参与其中，从多个方面做工作。对父母而言，要学习以恰当的方法帮助孩子循序渐进地适应陌生的环境和不熟悉的人。

（一）循序渐进地引导孩子逐步适应

恰当处理孩子在上幼儿园初期哭闹的问题。对待初上幼儿园时孩子哭闹的现象，父母不必过于紧张担心，同时也要注意克服自己烦恼焦虑的情绪。可以这样明确告诉孩子：

"现在你上幼儿园了，每天有一段时间是要与幼儿园的老师和小朋友待在一

起的。但是你放心，爸爸妈妈不会离开你，过几个小时妈妈（爸爸）就会来接你回家。"

这样说会减轻孩子的不安感，消除他以为自己再也不能回家、不能见到爸爸妈妈的恐惧和担心。对待孩子的哭闹，父母的态度要既温柔又坚定，要有足够的耐心等待孩子去逐渐适应。

要注意，尽可能不要出现随意反复的行为，即不忍心看孩子哭闹而放弃送他上幼儿园。这样做的后果会使孩子误以为"只要我哭闹，就可以不用上幼儿园"，从而形成错误的心理暗示。在家长耐心的坚持下，当孩子明白上幼儿园是自己每天必须要做的事情之后，就会逐渐接受并调整自己，增加自己的忍耐能力，并学习主动适应新环境。

（二）帮助孩子解决具体问题

孩子上幼儿园需要一定的时间适应，要经历一个必要的过程。帮助孩子顺利度过这个适应过程，家长和老师需要付出细致、耐心的努力。父母除了要安抚孩子入园时的焦虑情绪，还需要帮助孩子解决在幼儿园期间可能遇到的各种实际困难和具体问题。例如，如何与老师和小朋友相处，受了委屈该怎么办，怎样上厕所、吃饭、穿脱衣服等，一旦孩子遇到这些问题，就需要父母对孩子进行及时、必要的指导和帮助。父母可以在孩子上幼儿园之前对孩子进行针对性训练，帮助孩子掌握一些必要的方法，并养成良好的习惯，从而减少上幼儿园期间的不适感。

（三）做好孩子入园前的准备工作

做好入园前的充分准备，有助于孩子更快适应环境。适应环境要经历一定的过程，提前做一些必要的准备工作，有助于孩子更好、更快地适应陌生的环境，减少入园的心理困扰。

1. 帮助孩子掌握必要的生活技巧

父母可在孩子入园前一年或半年开始，有意识地培养孩子掌握一些必要的生活自理能力。例如，学习自己穿脱衣裤、上卫生间、洗漱、吃饭、整理物品等。父母平时还应有意识地带孩子和其他孩子一起玩耍，培养孩子与同龄人交流互动的能力。

2. 帮助孩子熟悉幼儿园环境

入园准备期，如果有条件可适当带孩子去幼儿园参观、玩耍，帮助孩子逐渐了解幼儿园的情况，熟悉幼儿园的环境；也可与幼儿园老师进行适当的接触、交流，增加孩子对老师的亲近感和信任感。

3. 培养孩子入园的观念和行为习惯

例如，和孩子一起准备上幼儿园的物品，如小书包、图书、衣物等，帮助孩子逐步建立上幼儿园的意识和观念，形成情感期待，逐步养成习惯化的行为。

四、小结

孩子入园困难看起来是生活中的小事，但如果处理不好，会给军人生活带来不少困扰。年轻军人在抚养孩子的过程中会遇到许多实际的问题，这些问题常常与父母经验不足、抚养方式不当、对孩子心理状况把握不清等多方面因素有关。只要具备相关知识，在日常生活中能够仔细观察和用心琢磨，认真分析原因，不断进行尝试，就一定能够找到解决问题的有效方法。

【问题表现六】怎样帮助孩子建立自信心

一些年轻的父母常反映，自己的孩子胆子小、怕见人、不爱说话、做事不够大胆、没有主见等，这有可能是自信心不足的表现。当父母发现孩子缺乏自信时，该如何帮助孩子克服弱点，增强自信心，形成良好的个性品质呢？

一、案例呈现

老周有个十二岁的女儿，正在上初中，让老周感到担心的是女儿的性格。她很胆小，无论做什么事都往后躲，不敢表现自己。例如，上课老师提问，她说自己知道答案是什么，但就是不敢举手发言，怕回答错了。班里组织活动，别人都积极主动报名参加，踊跃展示自己的特长，老周的女儿学过电子琴，弹得也不错，但当老师问她会什么乐器，愿不愿意参加时，她却回答说自己不会乐器，不愿意参加。有一次语文老师要求大家写一篇日记，每个人都要在班上读给大家听，老周的女儿写好了日记，当上台读的时候，她却红着脸、低着头，怎么也不肯读。类似这样的事情还有很多，老师说老周的女儿很聪明，就是不自信。老周也试着鼓励女儿大胆一些、主动一些，但这似乎并没有什么起色。

心理咨询师请老周回忆他与女儿之间发生的几件印象深刻的事情，分析这几次事件发生时老周和女儿各自的表现，体会他自己和女儿的内心感受，提示老周反思自己在和女儿交流过程中的态度、表达方式和交流的内容，以及这样的交流模式给正在成长的女儿可能造成的影响。同时，帮助老周深入理解和体会女儿对父亲的内心情感和心理需求，引导老周更加深刻和全面地理解女儿的内心世界，老周渐渐明白了自己在教育女儿过程中可能存在的粗心和失误之处，也看到了女儿身上各种可贵的闪光点，他开始认真思考如何从改变自己、改善对女儿的态度和教育方式入手，循序渐进地帮助女儿不断提高自信，健康成长。

二、心理解析

（一）孩子不自信的心理原因分析

儿童自信心的来源是能够经常得到他人的欣赏、肯定和支持，如果经常被否定、被贬低，则会损害孩子自尊心，容易让其丧失自信。

在儿童成长过程中，来自成人的肯定和支持具有非常重要的作用。儿童是从外界和他人对自己的评价中形成自我认知、建立自尊和自信的。经常被人肯定和赞扬的孩子，对自己的评价也相对比较高，心理上往往比较自信、安全感较强；一个总是被否定、被贬低的孩子，他对自己的评价通常也比较低，心理上也更容易紧张、不安和自卑。

老周和妻子长期分居两地，孩子小的时候妻子在工厂上班，平时工作很忙，照顾孩子的事情大多数是由姥姥姥爷负责。女儿五岁时，妻子下岗，开始在家照顾女儿。老周的妻子性格急躁、爱发脾气，教育孩子的方法也比较简单，动辄责骂女儿，养成了女儿胆小拘束的性格特点。女儿八岁时，老周办理了家属随军，一家人终于团聚。老周发现女儿不爱说话、胆子小，他希望女儿胆子大一些，但常常也是采用教训的语气跟女儿讲话。

（二）教育中的误区

从案例情况进行分析，老周夫妻在养育女儿的过程中，除了客观原因（如长期分居两地，父母忙于工作等）造成的和孩子相处时间较少、对孩子照顾不够细致等情况，还存在对女儿缺乏仔细观察、不了解孩子心理需要、教育方法简单等问题。父母的责备和训斥，在孩子看来就是对自己的不满和否定，这会让孩子感到自责和自卑。长期采用这样的教育方式，会严重损害孩子的自信心，养成孩子胆怯畏缩的性格。缺乏自信、害怕犯错误、怕受责备，正是老周女儿胆子小、不敢大胆表现自己的内在心理原因。

三、心理辅导——如何帮助孩子建立自信心

（一）肯定孩子的技巧

经常肯定和表扬孩子做得好的地方，对孩子的健康成长能够起到正向积极的作用。

在儿童心理成长过程中，来自成人的评价对其心理发展具有重要的意义，儿童是从他人对自己的评价中，获得对自我积极或消极的认知观念的。如果一

个孩子能经常获得来自他人的肯定性评价，会使其不断增强自信，形成健康积极的自我观念；相反，如果总是得到否定性评价，便可能产生"己不如人"或者"自己不够好"的自我认知，并因此感受到沮丧、焦虑、紧张不安等消极情绪，形成自卑、自我贬低等心理，行为上也会变得怯懦退缩。因此，在教育孩子时应该多给予孩子肯定、鼓励、理解和支持，不要一味指责和简单粗暴的训斥。肯定、表扬孩子时要注意以下几个方面：

1. 表扬要及时、适度

儿童在成长和探索世界的过程中，通常通过父母和其他成人对自己的态度反馈来辨别自己及自己的行为究竟是怎样的，并由此逐步形成相应的认知观念和行为模式，孩子的年龄越小，就越看重来自父母和其他成人的评价。因此，对于孩子表现出的良好行为，父母或者老师要给予及时的表扬和积极的反馈，这对巩固孩子的良好行为、强化其自信心等都具有积极作用。有的父母为了鞭策孩子不断进步，故意无视孩子取得的成绩，而只是一味提醒或批评孩子做得不好的地方，这样做会让孩子产生自己很差、自己总是不能满足父母、不值得被父母喜爱等偏差观念，这会对孩子的心理造成不良影响，甚至成为心理问题和精神疾病的潜在根源。

表扬也要注意适度。孩子的健康成长需要来自父母和其他成人的正面肯定和支持，表扬是对孩子的积极肯定和关注。长期缺乏关注和肯定的孩子，容易出现各种各样的心理问题，影响其身心的健康发展。同时，滥用表扬也会给孩子造成不利影响，易于养成孩子的不良性格。在心理咨询过程中，有这样一个案例：一个小男孩不管有没有病都向妈妈要药吃，原因在于这位妈妈平时不怎么表扬自己的儿子，有一次儿子生病吃药，看到儿子一口吞下药物，妈妈说了一句"你真能干"。结果，这个一直认为自己什么都做不好的孩子，发现自己只有吃了药才被妈妈称赞"能干"，从此后他就经常以吃药来换取妈妈的表扬，获得心理上的满足。这个案例充分说明了适当、适度的表扬对孩子的心理成长有多么重要的作用。

对于案例中的老周夫妻来说，要想帮助女儿改善胆怯的性格，就需要平时多注意观察孩子的表现，发现孩子的优点时及时给予表扬和肯定，平时与女儿交流时，也应尽可能多地使用一些鼓励支持性的话语，长期坚持，让孩子在父母的关心和支持下不断强化信心，逐步改善胆小的性格。

2. 表扬要有针对性

表扬孩子要注意就事论事，即针对具体事情进行表扬。表扬得越具体，孩子越容易明白哪些是好的行为，越容易找准努力的方向。例如，孩子看完书后，自己把书放回原处，摆放整齐。如果这时父母只是说：

"你今天表现得不错。"表扬的效果就会大打折扣。因为孩子不明白"不错"是指什么。可以这样说：

"你把书收拾得这么整齐，真不错啊！"孩子明白了父母夸奖自己的究竟是什么事情、自己的什么行为，这样就会起到良好的强化作用。

要注意尽量避免一些泛泛的表扬，如"你真聪明""你真棒"之类的，这些言语虽然暂时能提高孩子的自信心，但孩子不明白自己好在哪里，为什么受表扬，反而有可能容易养成骄傲、听不得半点批评的坏习惯。

有些父母常对孩子承诺："你做了××事我就表扬你"或者"你考试达到××分我就奖励你"，这样的方式有很大副作用。这会使孩子误以为，得到表扬奖励才做某件事，没有表扬奖励他就可以不做，哪怕这件事是他应该做的。当表扬成为交换条件时，效果也会大打折扣。

3. 表扬要因材施教

表扬的目的是扬长避短，塑造孩子的良好性格，巩固孩子的积极行为，促进孩子不断成长进步，因此，表扬要因人而异，因材施教。例如，对于性格内向、怯懦自卑的孩子，要多肯定他们的成绩，鼓励他们积极主动地表现自己；对马虎粗心的孩子，则要鼓励引导他们养成细心观察、认真做事的习惯；对于有缺点和不足的孩子，则要多肯定他们的长处，帮助他们努力完善自己。

要注意表扬的方式、方法的适当性。只有采用适合孩子的表扬方式才能收到最好的效果。表扬、鼓励的方式有很多，如购买图书、玩具、衣服、糖果、饮料等物质奖励；点头、微笑、搂抱、竖大拇指等动作和表情奖励；恰如其分的语言表扬；做游戏、逛公园、讲故事等活动性奖励。所有这些方式、方法父母都可以有选择地加以运用。

另外，表扬的方式也要符合孩子的年龄特点和心理需要。不同年龄的孩子对表扬的反应不同，对于年幼的孩子来说，来自父母疼爱的搂抱、亲吻、抚摸是一种奖励，给他讲故事、陪他玩游戏、给他买玩具或者带他去吃喜欢的食物，这些也都是很好的奖励方式。对于年龄稍大一点的孩子，他们则更喜欢听到、感受到来自父母和其他成人直接的肯定和赞赏。

（二）批评孩子的艺术

适当的批评对促进孩子健康成长是有利的。尽量少责备或不责备孩子，不意味着在教育孩子的过程中彻底放弃批评的方式。批评和表扬一样，也是教育孩子的一种手段，但批评更需要讲究方式、方法。

孩子处于成长阶段，难免会犯这样那样的错误，甚至孩子的某些做法还可能会给自己或他人带来危险，但他自己未必能意识到。这时，就需要加以制止并进行必要的教育批评，以帮助孩子明白哪些该做，哪些不该做。有些父母可能会担心孩子接受不了批评，其实，孩子有自己的逻辑，当他意识到自己确实是犯了错误的时候，他并不惧怕批评。相反，如果大人说的是事实、有道理，他会耐心地接受批评。当然，也有因为畏惧批评而掩饰错误，并逃避责任的孩子，但这种情况之所以会发生，很可能是以前父母批评的方式、方法不当引起的。遇到这种情况，父母就更应该认真观察和思考，注意改进批评孩子的方式、方法。

孩子也有自尊，批评的目的是为了让孩子清楚自己错在哪里，以后应该怎样做，要教会他正确的做法，而不是贬低和否定孩子，伤害孩子的自尊心和自信心。在教育批评孩子的时候，要注意维护孩子的面子，保护孩子的尊严。批评也要尽量具体明确，就事论事，切忌泛泛指责，或者贬低孩子的品格。

1. 先表扬后批评，避免重复批评

由于孩子年龄小，心理承受能力有限，因此在批评孩子时，要注意考虑孩子的接受能力，给予必要的尊重。恰当的方法是采取先表扬后批评的做法，中间有一个过渡，这样可以使孩子更容易接受批评，批评的效果也会更好。

孩子做错了事，应当避免多次重复批评，点到为止即可。例如，同一件事

情，爸爸说了妈妈说，或者今天说了明天说，反复教训，这样容易引起孩子的反感和抵触，让批评失效。

2. 严厉批评不等于肆意责骂

孩子天性贪玩，对危险常常缺乏明晰的判断，如在公路上和水塘边玩耍，或者玩火、玩刀具等，对这类可能发生危险的情况，要坚决地加以阻止，态度要明确，要让孩子明白后果的严重性。但要把批评和情绪化的肆意责骂区分开。批评的目的是为了使孩子明白危险，确保安全，不问青红皂白地肆意责骂则可能让孩子感到委屈和愤怒，形成抗拒心理。

3. 注意批评的分寸和场合

孩子做错了事，如果父母批评不当，就会挫伤孩子的自尊心，甚至引起孩子的抵触和反抗；如果轻描淡写地批评或者一味迁就，又会纵容孩子。从关心爱护孩子出发，父母应该注意把握好批评的分寸，在孩子能够接受的基础上，让孩子清楚地知道后果和可能产生的危害，做到心服口服。

另外也要注意批评孩子时，应选择合适的场合。例如，不随便吓唬孩子，不在吃饭时数落孩子，不在人多的场合批评孩子。要注意维护孩子的自尊心，以孩子能够接受、最有利于孩子成长的方式进行教育，提醒孩子不断改正错误，使其健康地成长进步。

四、小结

增强孩子的自信心需要长期坚持。对于父母而言，应随时注意观察，保持与孩子的良好沟通和互动，时刻关注孩子的发展和变化，及时提供必要的支持和引导，这些都是需要用心去做的。了解孩子的心理特点，因材施教进行教育引导，注意运用科学的方式、方法，这些也是年轻的父母需要学习和掌握的。

第六章
常见的心理障碍

【问题表现一】抑郁症

2017年,世界卫生组织有关全球疾病负担的统计显示,抑郁障碍的伤残调整生命年(从发病到死亡所损失的全部健康寿命年)上升至第11位,研究还显示抑郁障碍已成为导致伤残损失健康生命年(因早死所致寿命损失年)的第三大原因。当时预计,到2020年,抑郁症将成为仅次于心血管疾病的第二大疾病负担源。

——百度健康医典

抑郁症是抑郁障碍的一种,属于高发的心境障碍,有"心灵的感冒"之称,主要表现为情绪低落、兴趣减退或丧失、精力缺乏等情感症状。当抑郁长期存在,程度达中度或重度时,就会严重影响人的健康,在极端情况下,抑郁症会导致自残、自杀。有关研究显示,抑郁症患者的自杀率比一般人群高20倍,有一半以上的自杀者在结束生命以前处于抑郁状态。所以应及早识别危机,发现疾病,及时进行干预和有效治疗,防范自杀。

一、案例呈现

小赵,女,三十岁,从半年前开始一直情绪低落,人变得消沉,没有精神,说话也越来越少,后来发展到不愿意出门,经常不去上班,常常在家里唉声叹气、独自流泪。家人问她时,她说自己脑子没有用了,想事情想不出来,她认为自己总是做错事,对不起家人,感觉活着没有意义,还不如死了算了。她每天只吃一顿饭,经常早醒、失眠,体重明显下降。家人带小赵去医院做检查,医生诊断她患有中度抑郁症,需要住院治疗。

二、心理解析

(一)抑郁症及其症状

抑郁症是指以显著而持久的心境低落为主要临床特征,且心境低落与其处境不相称,严重者可出现自杀念头和行为。临床症状典型表现有三个维度活动的降低:情绪低落、思维迟缓、意志活动减退,另外一些患者会以躯体症状表现为主。多数抑郁症病例有反复发作的倾向,每次发作后大多数人的症状可以缓解,部分人有残留的症状或转为慢性。

1. 精神症状

(1)情绪障碍。抑郁症患者的明显特征是情绪消极,有强烈的忧郁感、悲哀,以及说不出来的不快、空虚、寂寞、孤独、无力、绝望、郁闷、不安、焦躁等。总之,抑郁症患者丧失了愉快的感受,总是感觉不幸和绝望,过去曾带来欢乐的一切,突然变成了无聊和空虚。一个抑郁的人,什么都不喜欢,感到一切都没有希望,对自己、对别人失去了一切信念,而且失去了做出任何决定的能力。

(2)行为、思维受到限制,精神活动能力降低。处于抑郁状态的人,对平常的兴趣爱好及周围事物的关心程度也随之降低,整个人处于"停滞"状态。例如,平常非常活跃的人,突然变得萎靡不振了;平常很健谈的人,突然变得沉默寡言;外向的人变得内向、自我封闭;等等。另外,处于抑郁状态的人感觉,平常很容易处理的工作变得很困难,实际工作量急剧下降;开始厌烦与他人交往;在思维上也会产生障碍,如精力不集中、记忆力减退、判断能力下降、做不出判断等，也就是精神活动能力降低。

（3）自我概念的变化。自我概念是指人们在自我认识的基础上产生的相应的情感体验，即自我评价，通过个体行为加以表现。陷入抑郁状态的个体的自我评价会发生巨大变化，如产生强烈的自卑感、懦弱无能感，失去自信，从而厌恶自己、否定自己，甚至常常产生一些认为自己很坏、很肮脏的想法，会自责，罪恶感增强。总的来说，就是自我评价明显降低。

（4）思维上的变化。在抑郁状态下，个体眼中的所有事情看起来都变得更悲观了，考虑事情也总是往坏的方面想，对任何事情都不抱希望，整个人都被绝望情绪支配。他们总是忽略自己曾经或现在所取得的成就，看不到事情好的一面，眼光往往停留在坏的那面，由此而常常产生寻死的念头，认为自己已经陷入"只有死路一条的地步"了。如果这种倾向加重，还可能出现妄想症状。

2. 躯体症状

人们对抑郁症的关注往往集中在精神层面。其实，抑郁症患者常常伴随着十分明显的躯体症状，不少患者甚至认为身体症状更让人痛苦。抑郁症通常表现出以下躯体症状：

（1）睡眠障碍。睡眠障碍是抑郁症患者的主要身体症状之一，可分为入睡困难（失眠）、易于惊醒、浅睡等。其中最突出的是惊醒，患者惊醒之后失眠，悲观、绝望、无助、恐惧的情绪随之袭来，同时还伴随悸动、尿频、胸闷、焦灼感、恶寒、虚汗等。

（2）疲劳感。睡眠障碍最突出的影响便是使患者感到疲劳、乏力，即稍微做点事情或活动，就感到疲劳，总觉得全身乏力、酸痛、懒散。酸痛、懒散给人的感觉就好像生命力和能量即将枯竭似的。

（3）疼痛。抑郁导致的神经紧张会引起患者的肌肉痛和神经痛，包括头晕目眩、头皮发麻、肩部酸痛、腰痛、背部疼痛等。

（4）消化系统、泌尿系统和生殖系统问题。患者的消化系统问题表现为食欲不振、呕吐、便秘、腹胀等。泌尿系统和生殖系统的症状多表现为：尿频、排尿困难、尿不净，女性还会表现为月经失调等。

除以上几种情况，患者还可能出现自主神经紊乱症状，表现为悸动、呼吸困难、口干舌燥、耳鸣、寒战、视物模糊等。

（二）抑郁症患者自杀的心理机制

虽然不是每个抑郁症患者都会轻视生命，但确实有许多抑郁症患者在病情严重时会产生自杀意念，进而可能导致自杀行为。自杀是抑郁症患者想要逃避现实的极端表现，抑郁症患者视其生活充满痛苦，而且没有机会改善，而自杀是一个可能解决问题的途径。抑郁症患者为什么会出现自杀行为，驱使其选择自杀的心理机制是什么？下列心理机制是影响抑郁症患者自杀的重要因素。

1. 无助、绝望

抑郁症患者的认知特征是消极绝望的，即患者消极地看待自我、自己的经验及自己的未来。他们觉得自己没有能力应付生活中的一切问题，因而产生高度的绝望。绝望是对未来所持有的消极观念、消极期待和悲观沮丧情绪。当绝望达到一定程度的时候，就会使人丧失活下去的希望和勇气，出现自杀行为。除严重抑郁能导致患者绝望外，某些症状（如失眠等）治疗无效也可引起患者绝望。

2. 自责、负罪感

自责、负罪感对人的心理结构具有非常强的破坏性，它构成一种内在惩罚机制，对人自身进行谴责和制裁。抑郁症患者的压抑、自卑、自我评价降低、活力下降，多源于此。抑郁症患者往往认为自己很无能，自己给身边的人带来很多麻烦和痛苦。当这种负罪感强烈到一定程度的时候，患者就会产生"只有自己离开了这个世界，才不会拖累周围的人，才能够解除家人的负担，才能结束自己的痛苦"的想法，于是出现自杀倾向和行为。

3. 认知缺陷

抑郁症患者常常伴随自杀的倾向和行为。许多学者对自杀者的思维和解决问题的方式进行了研究，他们发现自杀者在待人接物、处理问题时，常常存在以下认识倾向：

（1）自杀者的认识范围比较狭窄，他们倾向于采取非此即彼和以偏概全的思维方式，以黑白、对错、好坏的简单二分方式来分析遇到的问题。他们看不到解决问题的多种途径，因此在挫折和困难面前不能对自己和周围环境做出客观的评价。

（2）分析问题时，自杀者倾向于固执己见和被动接受，他们将自己遇到的问题归因于命运、运气和客观环境，他们相信问题是自己不能忍受的、是无法解决的、是不可避免的。

（3）面对困难时，自杀者要么缺乏解决问题的技巧，要么对自己解决问题的能力缺乏正确的估计，或者根本就不做任何估计，其结果是经常选择了不适当的方式来解决问题。

（4）自杀者倾向于缺乏耐心，不现实地期望在很短的时间内能获得成功，如果某一解决问题的方式没有取得直接的、即时的成功，自杀者很快就会将其抛弃，结果他们在解决问题方面很难取得真正的成功。更为重要的是，他们把自杀当作一种解决问题的手段，有研究表明，这一点与自杀者自杀意愿的强烈程度之间存在高度的相关性。

（5）自杀者倾向于从阴暗面看问题，他们对全社会、特别是对周围人群抱有深刻的敌意，从思想上、感情上把自己与社会隔离开来。他们觉得自己没有前途，看不到个人和社会在将来可能发生的改变，这种悲观的心理可能导致抑郁情绪，进而产生自杀念头。

（6）自杀者通常缺乏决断力，即犹豫不决、没有主见；同时，其行为又具有冲动性。正是这些认知模式，引导自杀者无情地陷于绝望的漩涡。

4. 急性应激因素促发

生活中凡是能造成强大精神压力、严重精神创伤或不愉快的情感体验等的事件都可能成为导致抑郁的因素。尤其是所遭遇的事件过于重大，或长期持续频繁出现，引起不愉快的情绪体验越强烈、越持久，个体正常的适应机制越容易受到威胁，引起各种情绪与冲突。对此，一个感情脆弱的人唯一的应付方式就是抑郁。另外，有些抑郁症患者本来只是轻度抑郁，并没有自杀的念头，但是生活中突发的负面事件会在他们本来就抑郁的基础上给他们的自尊以沉重的打击，从而使患者产生冲动性自杀。研究表明，自杀者在采取行动前的 24 小时，应激事件和人际关系损失的发生频率都非常高。

三、心理治疗——怎样改善抑郁症

（一）采用综合疗法，心理治疗与药物治疗相结合

抑郁症伴有一定程度的躯体障碍，现行的抑郁症治疗一般采取药物控制结合心理治疗的方法。抑郁症患者的人格一般有较多缺陷，严重的抑郁症患者常常有自杀倾向，需要特别加以注意和防范。在抑郁症患者的治疗上，一方面需要运用药物进行对症治疗。抑郁症有生物学方面的因素，与患者体内的生物化学物质改变有关，药物治疗可以帮助患者改善其体内的生物平衡。而且，对于危重抑郁症患者，住院治疗是预防当事人自杀的重要措施。另一方面，抑郁症患者也要坚持进行心理治疗。心理治疗的目标通常是管控并消除患者自杀和自伤的风险，引导患者合理地宣泄不良情绪、调整不合理认知、改善心理素质、提高恢复心理平衡的能力。治疗一般可采用认知行为疗法（CBT）、辩证行为疗法（DBT）、精神分析疗法、心理动力学疗法等，现代心理治疗中通常采用整合技术疗法。

抑郁症的心理治疗需要一定的时间周期，对于抑郁症患者来说，只要坚持进行持续的心理治疗，一般都会取得较好的治疗效果。

（二）抑郁症的自我治疗原则

1. 坚持运动和与人交往

很多抑郁症患者有行动迟缓、邋遢、懒惰的情况，长期处在这样的情况中，不仅严重损害抑郁症患者的身体机能，更会加重抑郁症患者消极负面的情绪。运动可以充分调动人体潜能，活化身体细胞，放松身心。当身体放松了，内心也慢慢会放松下来，紧张的情绪也自然会得到缓解。

抑郁症患者习惯于把自己关在家里，逃避与人接触，他们情绪低落，自我

评价低，认为自己不如他人，什么都做不好。这些感受导致他们兴致匮乏，遇事退缩、社交活动减少、自我封闭。这样就使抑郁症患者处于恶性循环当中，不断强化自身的症状。改变这种恶性循环的前提是必须让抑郁症患者强迫自己走出去，多与人接触，多交朋友，多参加社会活动或外出旅游。刚开始这样做时，患者会很痛苦，但只要坚持下去，一段时间之后，患者的负面情绪感受就会被外部环境慢慢消融，其自信心也会重新回归。

2. 进行自我观察和认知重建

抑郁症患者要坚持记录每天的感受，列出心中各种不良想法，并至少记录一项积极的情绪；要分析能够诱发愉快情绪体验的各种事物，以及想要生存的各种理由，逐步厘清认知方面的误区和未曾察觉的偏执观念，并建立相对客观的自我认知。

3. 学习掌握放松方法

抑郁症患者需要学习掌握一些放松的技术和方法，如渐进式肌肉放松技术、自主训练、自我暗示、视觉化放松方法、冥想技术等。患者可以在压力情境下练习使用这些技术，体会放松的感觉。放松技术需要经过一定时间的练习和坚持，才能逐步形成习惯。运用放松或者冥想等技术方法，能够减少紧张、焦虑、抑郁等情绪，有规律地练习这些技术方法，会增强抑郁症患者的自我意识，并使其从中获得启迪。

此外，也可通过阅读相关书籍，提高智慧、拓宽视野、启发思考，超越自己思想的局限。

四、小结

抑郁症是困扰现代人的很常见的心理疾病，也是可以治愈的心理疾病。抑郁症可由各种原因引起，较为严重的抑郁症患者常常伴有自杀的意识和倾向，需要人们引起足够的重视。确诊患者的抑郁症治疗往往需要一个漫长的过程。在治疗过程中，患者本人的坚持和努力、心理咨询师的耐心陪伴、亲朋好友的理解和支持、周围的良好氛围，都是影响治疗效果和进程的重要因素。抑郁症患者的康复需要全社会共同的关心和努力，我们应为抑郁症患者搭建起良好的心理康复环境。

【问题表现二】焦虑症

焦虑是现代人最常见的一种情绪状态，它几乎已经成为人们的一种生活常态。焦虑症是以焦虑情绪体验为主要特征的神经症。正常的焦虑情绪与病理性的焦虑有质的区别。

一、案例呈现

小杨是一位专业技术干部，她的工作离家远，还时常要值夜班；而小杨的孩子马上面临中考，但成绩却不理想，小杨听说要是考不上中学还不能复读。小杨为了此事心情很烦躁，工作有时也不能集中精神，夜间睡眠质量也不好，有时连做梦也会梦见孩子没考好，她担心孩子长大以后没有好的发展前途，对孩子的未来非常担心。虽然她也知道孩子的路要靠孩子自己走，可是只要孩子在学习方面稍有不济，她的内心就很抓狂，觉得自己快要崩溃了。

小杨找到心理咨询师进行咨询。在了解小杨的情况后，心理咨询师建议她定期做咨询以缓解焦虑情绪，以免情况持续恶化而转化为焦虑症。

二、心理解析

（一）焦虑情绪的表现

焦虑情绪是一种内心紧张不安，预感将要发生不利的情况而又难以应付的不快的情绪体验。

焦虑和恐惧情绪的感觉很相近，不过恐惧是在面临危险时发生的，而焦虑往往是在危险或不利情况来临之前发生的。焦虑与烦恼不同，烦恼主要是对已经发生的事件而言，而焦虑则是指向未来的事件。

一般来说，中等强度的焦虑情绪有助于保持工作效率和心理健康，只有过度焦虑才会对心理健康产生负面影响。焦虑情绪主要表现为：过度担心、紧张不安、注意力不集中、记忆力下降、自主神经功能紊乱。

（二）焦虑症及其症状

当焦虑的严重程度和客观事件或处境明显不符，或者持续时间过长时，就变成了病理性焦虑，这时我们称之为焦虑性神经症，简称焦虑症，也称为焦虑障碍。焦虑症常见症状表现为无明确对象的紧张担心、坐立不安、心悸、手抖、出汗、尿频等。

研究表明，焦虑症与遗传因素、个性特点、个人经历中的不良事件、应激因素、躯体疾病等均有关系。这些因素会导致机体神经—内分泌系统出现紊乱，神经递质失衡，从而产生焦虑症状。焦虑症有多种类型，通常分为以下几种：

1. 广泛性焦虑

广泛性焦虑也称为慢性焦虑，其基本特征为泛化且持久的焦虑。

（1）情绪症状。在没有明显诱因的情况下，患者经常出现过分担心和紧张害怕，但这种情绪常常没有明确的对象和内容，患者感觉自己一直处于一种紧张不安、提心吊胆、恐惧、忧虑、害怕的内心体验当中。

（2）自主神经症状。患者总是感到神经紧张、发抖、出汗、肌肉紧张、头重脚轻、心悸、眩晕和上腹不适，或者伴有头晕、胸闷、心慌、呼吸急促、口干舌燥、尿频尿急、震颤等躯体症状，这种焦虑一般会持续数月。

（3）运动性不安。患者常常表现为坐卧不宁、坐立不安、烦躁，很难静下心来做什么事情。

2. 急性焦虑

急性焦虑又称为惊恐发作，其表现为以下特征：

（1）濒死感或失控感。在正常的日常生活中，患者和正常人几乎一样。但一旦焦虑症发作（有特定触发情境，如封闭空间等），患者会突然出现极端恐惧的紧张心理，伴有濒死感和失控感体验。

（2）自主神经系统症状。患者同时有明显的自主神经系统症状，如胸闷、心慌、呼吸困难、出汗、全身发抖等。

（3）持续时间。患者的症状一般持续几分钟到数小时。焦虑症发作突然开始，迅速达到高峰，发作时患者意识清楚。

（4）极易误诊。发作时患者往往选择到心内科急诊就医，但相关检查的结果大多正常，因此往往诊断不明确。

3. 应激障碍及恐惧症

在创伤后应激障碍及急性应激障碍的患者中，患者的焦虑症状通常都很突出，因此也有人将这类症状归为一种特殊的焦虑症。另外，恐惧症的核心表现也和急性应激障碍发作一样，都是惊恐发作。两者的不同点在于，恐惧症的焦虑发作是由某些特定的场所或情境引起的，患者不处于这些特定场所或情境时是不会引起焦虑的。

（三）焦虑症的鉴别诊断

我们要注意把正常的焦虑紧张情绪和焦虑症症状区分开来。

1. 正常的紧张

正常的紧张和病理性焦虑不同，正常的紧张情绪表现为对现实客观威胁的一种情绪反应，如看到蛇会害怕，一个人在森林里迷路后会担心遇到危险等。

2. 躯体疾病伴发的焦虑症状

人生病了会有相应的情绪变化，凡继发于躯体疾病的焦虑均应该视为焦虑综合征。一般合并多种内科疾病的患者，尤其以心血管疾病和内分泌疾病为主的患者多见焦虑情绪反应。

3. 药物伴发的焦虑症状

生活中，因广泛使用激素类药物而引起的焦虑症状也很常见。另外，服用或戒断可卡因、大麻、海洛因等都可引起焦虑状态及自主神经功能紊乱，甚至出现典型的惊恐发作。除此之外，抗精神病药物也会引起焦虑情绪。

4. 精神疾病伴发的焦虑症状

焦虑可见于任何类型的精神疾病，焦虑情绪是原发性精神疾病的症状之一。

三、心理治疗——怎样改善焦虑症

焦虑症往往给患者及其家人带来巨大的痛苦和负担，如果得不到正确及时的诊断和治疗，焦虑症患者就会反复就医，严重影响患者正常的生活和工作。焦虑症的诊断主要依据患者病史、精神检查、体格检查、量表测查、实验室的辅助检查等手段进行。焦虑症的治疗方法通常包括药物治疗和心理治疗。

（一）药物治疗

治疗焦虑症有一些常用的药物，如安定类抗焦虑药物、抗抑郁药物等，这些药物需要由精神科医生根据患者病情的严重程度、既往服药史、服药效果等开具，用药应遵医嘱，患者坚持按剂量服用一定周期后，再做疗效评估。在焦虑症的早期治疗中，要尽快足量使用安定类抗焦虑药物，以便尽快控制焦虑。在治疗一段时间后，如果打算停用安定类抗焦虑药物，也需要慢慢减量直至停药，不可突然停药，否则容易引起停药反应，加重病情。

（二）心理治疗

焦虑症的心理治疗通常采用认知行为疗法，另外也常采用一些放松技术，通过放松身体，实现心理上的放松。

1. 放松法

放松法包括系统性的肌肉放松训练和呼吸放松训练。简单的深呼吸法就可以起到放松的效果,深呼吸法步骤:焦虑不安时,闭上眼睛,慢慢用鼻子吸气、用嘴巴呼气,反复三到五次。

2. 冥想法

选择安静的环境,放松身心,有意识地想象令人舒心愉悦的环境和场景,或者想象一件开心的事情,冥想的内容要尽量真实且具体。

3. 暗示法

过度紧张、焦虑时,先轻闭双眼,全身放松,做几次均匀而有节奏的深呼吸,反复地进行自我暗示:不要着急,放松,放松。几分钟后,情绪就会平稳下来。

4. 认知行为疗法

认知行为疗法是常用的心理治疗方法。在应用心理治疗技术时,应该根据患者的具体情况施治,通常会结合认知教育、观念重建和行为调整。

四、小结

焦虑是一种很常见、很普遍的现象,几乎人人都有过焦虑的体验。人们在即将考试、接受一项新的任务、登台演讲或表演、会见重要人物时,都会有焦虑的体验。焦虑使人不快,常驱使人避开引起焦虑的事物。因此,从心理学的角度看,焦虑对人具有保护作用,但如果长期处于焦虑情绪当中,损害到人正常的社会功能,则是一种病态表现,需要及时寻求专业帮助。

【问题表现三】强迫症

强迫症的主要临床表现为有意识的强迫和反强迫并存,一些毫无意义,甚至违背自己意愿的想法或冲动反复侵入患者的日常生活，患者表现出频繁的害怕、担心，违背自己意愿的想法或冲动。患者体验到的这些想法或冲动来源于自身，患者想要极力抵抗但始终无法控制，二者强烈的冲突使患者感到巨大的焦虑和痛苦，影响学习工作、人际交往，甚至生活起居。

近年来的统计数据提示，强迫症的发病率正在不断攀升，有研究显示普通人群中强迫症的终身患病率为 1%～2%，约三分之二的患者在二十五岁前发病。强迫症因其起病早、病程迁延等特点，常对患者的社会功能和质量造成极大影响。在世界卫生组织（WHO）所做的全球疾病调查中发现，强迫症已成为十五岁到四十四岁中青年人群中造成疾病负担最重的二十种疾病之一。另外，患者常出于种种考虑在起病之初未及时就医，一些有怕脏、反复洗手等症状的患者可能要在症状严重到无法正常生活才来就诊，起病与初次就诊时间可能相隔十年之久，无形中增加了治疗的难度，因此我们应当提高对强迫症的重视，做到早发现早治疗。

一、案例呈现

小王特别爱干净，班里数他的床铺最整洁，桌面上也被他收拾得整整齐齐，他从来不会乱放任何东西。每次检查内务卫生时，他都能被评为优秀。但是相处时间久了，大家发现他的行为有的时候挺让人难以接受的。例如，如果有人坐到他的床上，起身离开后，他会三番五次拍打、整理床单。刚开始大家没在意，后来发现小王每次都这样，有些性子直接的人就问小王："你是嫌我弄脏了你的床单吗？"小王连忙否认，说自己只是习惯了。但是大家心里不舒服，慢慢就没人坐他的床了。小王洗澡、洗衣服也格外仔细，即便洗一双袜子也要花好长时间，说是担心洗不干净，小王经常为此耽误时间而遭批评。小王自己也感到苦恼，但他说自己多年来一直这样，想改也改不了。

二、心理解析

（一）强迫症的病因

案例中，小王表现出的是强迫症的典型特点。强迫症的病因复杂、尚无定论，目前我们认为强迫症主要与遗传因素、个性特点、不良事件、应激及神经—内分泌等因素有关。许多研究表明，患者在首次发病时常遭遇过一些不良生活事件，如人际关系紧张、婚姻遇到考验、学习工作受挫等。强迫症患者的个性中或多或少存在追求完美、对自己和他人高标准严要求的倾向，有一部分患者病前即有强迫型人格，表现为过分谨小慎微、责任感过强、希望凡事都能尽善尽美，因而在处理不良生活事件时缺乏弹性，表现得难以适应。患者内心所经历的矛盾、焦虑最后只能通过强迫性的症状表达出来。

另外，近年来大量研究发现，强迫症的发病可能存在一定遗传倾向，在神经—内分泌方面也存在功能紊乱,造成诸如5-羟色胺、多巴胺等神经递质失衡，无法正常发挥其生理功能。

（二）强迫症的具体表现

强迫症的具体表现主要可归纳为强迫思维和强迫行为。强迫思维又可以分为强迫观念、强迫情绪和强迫意向。强迫症的表现内容多种多样，如患者反复检查门窗是否关紧、碰到脏东西会担心得病、思考太阳为什么从东边升起从西边落下、站在阳台上就有往下跳的冲动等。强迫行为往往是为了减轻强迫思维产生的焦虑而不得不采取的行动，患者明知是不合理的，但不得不做，如患者有怀疑门窗是否关紧的想法，相应地就会反复检查门窗以确保安全；患者碰到脏东西害怕得病，就会反复洗手以保持清洁。一些病程迁延的患者由于经常重复某些动作，久而久之形成了某种程序，如洗手时一定要从指尖开始洗，连续不断一直洗到手腕，如果顺序反了或是中间被打断了就要重新开始，为此常耗费大量时间，让患者痛苦不堪。

强迫症表现具有以下特点:

(1) 强迫症表现是患者自己的思维或冲动,而不是外界强加给患者的。

(2) 必须至少有一种思想或动作仍在被患者徒劳地加以抵制,即使患者已不再对其他症状加以抵制。

(3) 实施动作的想法本身会令患者感到不快(单纯为缓解紧张或焦虑不视为真正意义上的愉快),但如果不实施就会产生极大的焦虑感。

(4) 想法或冲动总是令人不快地反复出现。

(三)强迫症的种类

1. 强迫观念

强迫观念即某种联想、观念、回忆或疑虑等顽固地出现,难以控制。

(1) 强迫联想:患者反复联想一系列不幸事件会发生,虽明知不可能,却不能克制自己,因此激起紧张和恐惧情绪。

(2) 强迫回忆:患者反复回忆曾经做过的无关紧要的事情,虽明知无任何意义,却不能克制自己。

(3) 强迫疑虑:患者对自己的行动是否正确产生不必要的疑虑,要反复核实,如出门后怀疑门窗是否关好,反复回去检查,不然则会感到焦虑不安。

(4) 强迫性穷思竭虑:患者对自然现象或日常生活中的事件进行反复思考,明知毫无意义,却不能克制自己,如反复思考:"房子为什么朝南而不朝北?"

(5) 强迫对立思维:两种对立的词句或概念反复在患者脑中相继出现,使患者感到苦恼和紧张,如想到"拥护",患者脑海中立即出现"反对";说到"好人",患者脑海中立即想到"坏蛋"等。

2. 强迫动作

(1) 强迫洗涤:患者反复多次洗手或洗涤物件,心中总摆脱不了"感到脏"的想法,明知已经洗干净,却不能克制自己。

(2) 强迫检查:强迫检查通常与强迫疑虑同时出现。患者对明知已经做好的事情不放心，反复检查，如反复检查已经关好的门窗，反复核对已经写好的账单、信件或文稿等。

（3）强迫计数：患者不可控制地数数，如数台阶、电线杆、路边树木、地砖等，或者做一定次数的某个动作，否则患者会感到心里不安、不舒服，若有遗漏要重新数起。

（4）强迫仪式动作：患者在日常活动之前，先要做一套有一定程序的动作，如睡前要按照一定程序脱衣物并按照固定的规律放置，如果没有完成这样的仪式动作，患者心里就会感到不舒服，除非重新穿好衣服，再按照程序做一遍才能心安。

3. 强迫意向

在某种场合下，患者出现一种明知与当时情况相违背的念头，却不能控制这种意向的出现，十分苦恼。例如，患者在高楼顶层走到边沿时，有想跳下去的冲动；母亲抱孩子走到河边时，会产生将孩子扔到河里的想法，虽未发生相应的行动，但患者却十分紧张、恐惧。

强迫症主要表现为有强迫及相关障碍的患者时常被其强迫思维和行为所控制，这些反复的行为和过分的担心常常控制着患者的日常生活，并进而带来各种健康问题；同时也会损害患者的社会交往、学业或者职业功能。强迫症患者常常会遭受身心两个方面的痛苦，这种痛苦的感受也会衍射影响他们身边的亲朋好友，给本人及亲朋好友带来很多难以言说的痛苦。

案例中的小王表现出担心不干净、害怕脏的强迫意向和反复洗涤的强迫性行为，持续时间已有多年，并且影响到了小王的人际关系和正常工作，有必要接受专业的心理治疗。

三、心理治疗——怎样改善强迫症

对强迫症的治疗一般采用药物治疗和心理治疗相结合的方法。

（一）药物治疗

强迫症一经确诊，情况严重的，在临床中一般会实施药物治疗。目前的抗强迫药物都是抗抑郁药物，这些药物可以作用于大脑的 5-羟色胺、多巴胺等多种神经递质，而这些神经递质和强迫症、抑郁症、焦虑症的发生均有密切关系。

足量抗强迫药物的治疗至少要三到六个月，有些可能需要更长时间才能视为一个疗程结束，疗程结束可进行疗效评估。要注意，不能在服药一到两个月时就评估疗效，决定换药。具体用药要根据每个患者的病情、既往用药经历及服药后的效果、患者对药物的耐受情况、副作用情况等，综合考虑做出决定。在治疗过程中则要注意随时了解情况，及时调整治疗方案。

（二）心理治疗

心理治疗经常会用到认知行为疗法、森田疗法等。强迫症被认为是一种人格障碍，一般治愈难度比较大。心理治疗对强迫症患者而言是必要的措施，治疗的目标主要在于缓解患者的心理痛苦，同时帮助患者解决人际关系及工作中可能遇到的各种实际问题。

心理治疗首先要解除患者的紧张、焦虑和害怕的情绪，对自己的症状采取顺其自然、不理不睬、不刻意关注、也不对抗的态度，以便打破恶性循环。其次，要对患者进行个性重塑，即改变患者的不良人格结构，树立起患者的自信心，培养患者良好的心理素质，形成积极乐观、无畏、果敢的个性品质。

1. 不理

对于强迫症患者而言，面对"症状"时最明智的策略就是不理。那些反复出现的想法和行为作用在于缓解人心中的焦虑，如果强行停止或改变这些想法和行为，会使患者变得更加焦虑，强迫的症状会进一步得到强化，从而变得越来越严重。如果对所谓的"症状"采取不理不睬的态度，久而久之，它就会逐渐消退。

2. 不怕

强迫症状是一种表象，真正起作用的是患者的不良个性和思维方式。"不怕"并不是要患者抑制症状，而是要患者带着症状生活，与症状和平共处。换句话说，症状如果出现，就让它出现好了，没什么大不了的，患者该做什么还做什么，不以为意，这就是一种顺其自然的态度。

3. 不对抗

不对抗即任其自生自灭，不强行克制，也不有意强化，而是放任自流，听之任之。当症状到来时，做自己应做的事情，把注意力集中在当下有意义的事情上，减少焦虑感和对症状的关注，久而久之，症状也会慢慢消退。

四、小结

强迫症是一种最常见的神经症，虽然在治疗过程中可能会遇到很大困难，但是患者是可以通过治疗恢复健康的。强迫症需要在医生指导下服药，并且要坚持服药，不能半途而废。治疗强迫症要遵循早发现、早诊断、早治疗的原则，这对于减少患者痛苦、消除患者症状意义重大。强迫症的心理治疗需要长期坚持，患者要付出极大的努力，要保持耐心，治疗过程中要有恒心。只要方法恰当，保持信心，治愈强迫症是完全有可能的。

【问题表现四】恐惧症

恐惧症主要表现为过分和不合理地惧怕外界某种客观事物或情景。恐惧症患者明知这种恐惧反应是过分的或者是不合理的，但在相同场合下这种反应仍然反复出现，难以控制。恐惧发作时，患者常常伴有明显的焦虑和自主神经症状，患者会极力回避恐惧的客观事物或情境，或是带着畏惧去忍受，因而影响其正常活动。

恐惧症属于精神疾病，需要引起重视并给予必要治疗。恐惧症多数病程迁延，呈现慢性化发展的趋势，病程越长预后越差。儿童期起病者、单一恐惧者预后较好，广泛性的恐惧症预后较差。

一、案例呈现

小李被心内科医生转介给心理科做心理治疗。在过去半年里,她到急诊室六次,抱怨心跳加速、呼吸急促、出汗,害怕自己马上死去。这些情况每次都是突然发作,症状在几分钟内达到高峰,令小李恐惧、精疲力竭,确信自己是心脏病发作。在急诊室,所有的检查结果都是正常的。这样的情况反复出现了几次之后,医生怀疑小李的情况是心理因素引起的,建议小李去找心理治疗师进行心理治疗。

心理治疗师在全面了解了小李的情况之后,通过鉴别诊断,确定小李患上了恐惧症,需要接受系统性心理治疗。

二、心理解析

(一)恐惧症的病因

恐惧症是一种过分的、不合理地惧怕外界客体或处境的精神疾病,患者不能自控,且发病情况极不稳定,严重影响患者的身心健康和家庭和睦。案例中,小李的情况就属于较为严重的恐惧症。

恐惧症的病因还不是特别清楚。流行病学调查发现,恐惧症患者的一级亲属恐惧症的患病率较对照组明显提高,因此有学者认为特殊恐惧症有遗传因素。行为理论认为,恐惧性刺激与不具有恐惧性的中性刺激多次的耦合后,中性刺激就变成了诱发恐惧的条件刺激并导致恐惧的发生。操作性条件反射理论认为,条件刺激所诱发的焦虑是行为的驱动力,个体经过反复尝试,找到了一种可消除或减轻这种焦虑痛苦的行为方式,即对恐惧对象的回避,这种回避行为不断被巩固就成了临床的一部分。

（二）恐惧症的危害

恐惧症并非短期的压力和担心，恐惧症的症状一般要持续六个月或更久。患有恐惧症的人，恐惧情绪可能影响他们的工作选择、晋升的前景、日常规范、社交生活等。

恐惧症患者常会表现出以下特点：一是预期焦虑感受，即恐惧症患者在接触恐惧的对象之前就会感到担忧，出现预期焦虑。二是有明显的焦虑体验，即恐惧症患者接触恐惧对象时会出现明显的焦虑症状，并且会随着接触时间的增加而递增，引起惊恐发作。三是有明显的回避行为，即恐惧症患者会尽量回避可能引起恐惧的对象，若无法回避，则会引发患者的极度恐惧心理，导致患者产生躲藏、足不出户等行为，严重影响其正常生活。四是伴有自主神经症状，即惊恐发作时患者会出现心悸胸闷、呼吸困难、头晕头痛、恶心呕吐、出汗、便感、尿频等症状。五是患者出现的其他症状。严重的恐惧症基本都伴有抑郁、睡眠障碍、进食障碍、物质滥用等问题。

恐惧症不但给患者带来生活上的困扰，还严重影响患者的工作和学习效率，如果不及时进行治疗和控制，任由患者病情长期发展，患者很可能因害怕而失控发疯。

（三）恐惧症的具体表现

常见的恐惧症有三种：社交恐惧症、场所恐惧症和特定恐惧症。

1. 社交恐惧症

一般的社交恐惧症患者表现为害怕处于众目睽睽的场合，在社交场合中感到害羞、局促不安、尴尬、笨拙等。他们不敢在他人注视中正常活动、吃饭等，害怕大家注视自己或者害怕自己当众出丑，使自己处于难堪或窘迫的地步；害怕当众说话或表演，甚至害怕去公共厕所；他们也害怕与他人近距离接触，严重影响了正常的生活。有些患者会表现出脸红、心悸、颤抖、腹部不适、肌肉紧张等躯体症状。

2. 场所恐惧症

场所恐惧症是恐惧症中最常见的一种，主要表现为患者对某些特定环境的恐惧，如患者恐惧处在广场、密闭空间（如电梯）、拥挤的公共场所等地。患者害怕离家或独处，害怕进入商店、剧院、车站，或者害怕乘坐公共交通工具。患者因为担心在这些场所出现恐惧感时得不到帮助，又无法逃脱，因而回避这些场所，甚至不敢出门。当患者进入这类场所或者处于这种状态时便会感觉紧张不安，出现明显的头晕、心悸、胸闷、出汗等自主神经反应，恐怖发作时还常伴有抑郁、强迫、人格解体等症状。

3. 特定恐惧症

特定恐惧症是指患者对某一特定的物件、动物等有一种不合理的恐惧。最常见的是对某种动物（如蛇、狗、猫、鼠等）或昆虫（如蜘蛛、蟑螂等）的恐惧；还有人对尖锐物品有恐惧感（如笔尖等），他们害怕这些物品会伤害到别人；有的人对自然现象（如黑夜、雷电等）恐惧，这种情形一般在儿童中比较常见，但大多数患者的这类恐惧通常会随着年龄的增长而消失，也有极少数患者一直延续到成年都无法克服恐惧。

三、心理治疗——怎样改善恐惧症

恐惧症的治疗也可采用药物治疗和心理治疗相结合的方法。

（一）药物治疗

对于严重的恐惧症，有必要实施药物治疗。药物治疗需要听取医生的建议，遵医嘱服药。在药物治疗过程中，医生要随时了解患者的病程进展情况，及时调整治疗方案。对于一般性的恐惧症，应考虑重点运用心理治疗的方法。

（二）心理治疗

1. 系统脱敏法

治疗恐惧症可采用系统脱敏法。在治疗之前需要根据患者恐惧的对象，建立不同程度的恐惧等级，然后依次、逐级进行脱敏训练。这种方法需要在心理咨询师的帮助下进行。

2. 转移注意力法

当患者感受到惊恐、害怕时，可以做一些需要集中注意力的活动以转移注意力，如心算、阅读、朗读、唱歌或深呼吸等。将注意力投入这些活动中，能够减少对惊恐的注意及印象，使身心安静下来，不至于失控。

3. 活动抑制法

惊恐袭来的时候，人的身体会分泌过多的肾上腺素，而当人开始活动时，则会消耗肾上腺素，因此，如果感到惊恐，就不要坐着不动，而应当立即起身活动，以消耗肾上腺素。如果感到恐惧时无法走动，可以试着紧张并放松身体各部位的肌肉，如放松上下肢的肌肉，这种一紧一松的肌肉运动也能消耗肾上腺素。

四、小结

对于恐惧症患者，人们应该给予更多的善意，为他们提供必要的关心、照顾和帮助，帮助他们减轻恐惧，消除紧张不安的情绪。要注意避免有意无意间对有恐惧症的人施加心理压力，更不能以强硬的态度或方式去要求他们面对他们恐惧的事情，这样做的效果往往适得其反。在帮助恐惧症患者克服恐惧心理时，应该在其能够接受的范围内适当的引导，积极开导，循序渐进，这样才能真正对他有所帮助。

【问题表现五】被害妄想

有被害妄想的人由于缺乏安全感而导致对外界极度不信任，并由此产生一种时刻遭到威胁和迫害的幻觉。在症状表现上，主要是患者往往处于恐惧状态而主观臆测，进行毫无根据的胡乱推断和判断，并坚信自己受到迫害或伤害。

一、案例呈现

小夏，男，23 岁，两年前曾与人发生冲突，自那以后，他总觉得心神不安，怀疑周围的人在背后说他的坏话，疑心别人在背地里谋划算计他。后来单位进行人员调整，与小夏有过冲突的人调到了别的单位，但小夏的不安感并没有因此消除，他仍然坚信有人会算计他、合谋害他，连队干部多次找他谈心解释，反复做工作，但小夏的情况并没有得到改善。后来，指导员带小夏去找心理咨询师寻求帮助，心理咨询师认为小夏的情况符合被害妄想的症状特点，建议指导员说服小夏去专科医院进行进一步诊断。后经专科医院检查，小夏被确诊为中度被害妄想，医生建议小夏入院治疗。

二、心理解析

（一）被害妄想的特点和病因

妄想是思维异常的表现，是在病理基础上产生的歪曲信念，以及进行病态的推理和判断。患者对妄想的内容坚信不疑，无法被说服，也不能以患者的亲身体验和经历加以纠正。妄想内容一般都与患者的个人经历、社会和文化背景有关，妄想有时也容易和正常人坚持的一些错误想法（如偏见、迷信、误解）相混淆，但正常人会随着对知识的掌握，通过教育和生活经验的积累，纠正错误想法。

被害妄想是妄想症中最常见的一种，也是精神分裂症的一种重要的症状表现。被害妄想患者会无中生有地坚信某人（或某群体）对自己、自己的亲人、家庭进行监视、攻击或迫害。在妄想支配下，患者会出现拒食、逃跑、控告，甚至自伤或者伤人等情形。

被害妄想是内因和外因相互作用的结果。外因一般是社会生活中患者经历的突发事件或患者的脑部器质性变化等，内因则是每个人的遗传基因和性格特点。当人们的工作、生活压力增大，心中壁垒丛生，部分人就可能因此而致病。

1. 安全感缺失

被害妄想患者主要表现为缺乏对其他人的基本信任，当患者内心遇到问题时，他们常常通过"否定作用""投射作用"等防御机制来缓解压力和痛苦，从而形成系统化的妄想。

2. 性格缺陷

妄想症患者多表现为敏感多疑、容易猜忌，且比较自私自利，不能理解也无法顾及他人的想法和感受。

3. 自我界限不清

患者缺乏认识自己的动机和态度的能力，常常无法看清自我界限，分不清自己和他人的看法，也分不清现实和妄想内容的区别。

4. 内心隐衷

一些妄想症患者内心可能隐藏着一些自认为是不可告人的秘密，以致受到很强的内疚感和恐惧感的折磨，造成其强大的内心压力，使自己精神高度紧张。

5. 环境刺激及社会文化因素

有些患者的发病，与其长期身处的特殊环境或者长期处于紧张状态有关；有的患者是受到社会文化因素影响而致病。

（二）被害妄想的具体表现和健康危害

有被害妄想的患者往往处于恐惧状态，他们会表现得极度谨慎和处处防备，感觉自己被人议论、诬陷，遭人暗算，财产被劫等，他们还时常将相关的人纳入自己妄想的世界中。有被害妄想的人可能在现实生活中看起来接近正常，在他人眼里，他们可能看起来并没有生病或有任何形式的不正常，除非他们开始谈论他们的妄想或者按照妄想来行动。

被害妄想的核心主题涉及个体的信念，即他们认为自己被阴谋算计、被欺骗、被监视、被跟踪、被投毒、被恶意诽谤、被骚扰或被妨碍追求长期目标。

一般在判断是否属于妄想时，症状持续的时间要超过一个月。

被害妄想患者的功能损害通常表现为职业功能不良和社交孤立。因受妄想信念思维支配，患者常常不能胜任正常工作，会有意回避与人交往。不过，当不讨论或不涉及那些妄想信念时，患者的行为和表现看起来似乎是正常的。

（三）被害妄想的类型和症状

1. 特殊意义妄想

特殊意义妄想患者认为周围人的言行、日常行为对他有一种特殊的意义。例如，有个患者回家后看到孩子正在滚动煮熟的鸡蛋玩，边玩边说"滚蛋"，患者听到后很不满，认为妻子和孩子是要自己"滚蛋"；一个患者看到妻子削完梨后切了一半给他，便勃然大怒道："想跟我离婚，没那么容易！"别人怎么劝都不起作用。

2. 暗示妄想

暗示妄想患者通常有很特别的错觉，一般人普普通通的言行，在他看来都是别人对自己一些行为在某方面的暗示，有的暗示可能是好的，有的暗示可能是坏的，为此经常引起很多误会。

3. 被害妄想的常见症状

被害妄想的内容和表现形式多种多样，常见的症状表现有以下几种：

（1）患者总觉得别人在背后偷偷议论自己，说自己的坏话。

（2）患者认为别人诬陷自己，却找不到确切的诬告人。

（3）患者和别人争吵后，总担心别人会报复自己。

（4）患者不敢吃别人给的食物或饮品，担心里面有毒。

（5）患者从不相信别人，甚至对亲朋好友都半信半疑。

（6）患者看谁都不顺眼，觉得别人接近自己都是有目的、有敌意的。

（7）患者经常感觉到恐惧，一点点声响或动静都会被吓一跳。

(8) 患者容易精神紧张，一有担忧顾虑就睡不好。

(9) 患者出现幻觉、幻听现象。

(10) 患者隐藏自己心中"不可告人"的秘密。

三、心理治疗——被害妄想的治疗建议

被害妄想是精神分裂症的一种，需要接受专科医院及精神科医生的对症治疗，在药物治疗的同时，还需要给患者辅助进行心理治疗。

（一）药物治疗

对被害妄想患者的治疗通常主要依靠药物。对不同类型的被害妄想，应选用不同的治疗方式。抗精神病药物是其中一类首选药物，但必须由精神科医生视患者病情开具，患者须遵医嘱服药。

（二）心理治疗

对被害妄想症患者的心理治疗，主要是通过给予患者心理支持，来改变患者某些行为，此外需要注意避免给患者过度的压力。在心理治疗过程中，可采用当事人中心疗法，也可适当采取认知行为疗法、精神分析疗法，但在运用精神分析疗法时，要格外慎重。

四、小结

一旦确诊为精神疾病，患者就需要按照严格的医疗程序进行专业治疗。在患者通过住院及药物治疗使症状得以缓解、使病情稳定的情况下，可以辅助进行心理治疗，但在治疗过程中要注意遵守相关的伦理规范。

防病重于治病，精神疾病的预防要从小做起。童年期是一个人成长的关键

期，父母要注意为孩子营造温暖安全的家庭教养环境，要多关心关注孩子的心理健康，有意识地培养孩子良好的个性、健康的人格；成年人则要懂得不断提高和完善自己，善于调节控制自己，自觉维护自己的身心健康；一旦生病则要主动寻求专业帮助，不能讳疾忌医，以免贻误病情。

【问题表现六】精神分裂症

精神分裂症是一种常见的病因未明的严重精神疾病，多起病于青壮年，患者有知觉、思维、情感和行为等方面的障碍。最新研究认为，该病是脑功能失调引起的一种神经发育性障碍，是复杂的遗传因素、生物及环境因素的相互作用导致的。

一、案例呈现

小严，女，二十五岁，最近一段时间经常一个人在宿舍自言自语，一会儿哭，一会儿笑。室友问她在和谁说话，她就指着房间中某处说："跟他呀！你没见他正坐在那儿嘛，我在跟他说话呢。"但是她指的地方根本就没有人。

平时，小严跟别的同学很少来往，她习惯独来独往，一个人上课、吃饭、回宿舍。室友觉得她有点怪，有点怕她，对她也比较回避，她也不以为意。

以前，也有人发现小严有时会一个人自言自语，但因为是偶然看见的，大家也都没怎么在意。最近一段时间，小严自言自语的情况似乎越来越严重了，室友发现她经常半夜三更不睡觉，坐在床上不知道在和谁说话，有时骂人，有时哭泣，让人感到很害怕，于是就把情况反映给了班主任。

班主任带小严去医院做了全面检查，小严被确诊为精神分裂症，需要入院治疗。

二、心理解析

（一）精神分裂症的症状

精神分裂症的临床症状复杂多样，可涉及感知觉、思维、情感、意志力和行为，以及认知功能等方面，个体差异比较大。即使是同一个患者，在不同阶段或病期也可能表现出不同的症状。

1. 感知觉障碍

精神分裂症可能出现多种感知觉障碍，其中最突出的是幻觉，包括幻听、幻视、幻嗅、幻味、幻触等，其中以幻听最为常见。

2. 思维障碍

思维障碍是精神分裂症的核心症状，主要包括思维形式障碍和思维内容障碍。

思维形式障碍以思维联想过程障碍为主要表现，包括思维联想活动过程的量、速度及形式，思维联想的连贯性及逻辑性等方面的障碍。

妄想是最常见的思维内容障碍，最常出现的妄想有被害妄想、关系妄想、物理影响妄想、嫉妒妄想、夸大妄想、钟情妄想、疑病等。在妄想的影响下，患者会做出防御或攻击行为。

3. 情感障碍

精神分裂症最常见的情感障碍是情感淡漠及情感反应不协调，患者可能表现出不协调的兴奋、易激惹、抑郁及焦虑等情感症状。

4. 意志力和行为障碍

精神分裂症患者常表现出意志力减退甚至缺乏的现象。患者活动减少，离群独处，行为被动，缺乏应有的主动性和积极性，对工作和学习的兴趣减退，不关心自己的前途，对自己的将来没有明确打算，即使有一些想法，也很少执行。

5. 认知功能障碍

精神分裂症患者可能表现出信息处理和选择性注意、工作记忆、短时记忆和学习、执行功能等方面的认知功能障碍。

（二）精神分裂症的临床分型

1. 偏执型

偏执型精神分裂症是精神分裂症中最常见的一种类型，患者常常以妄想为主，幻想内容荒诞离奇。

2. 青春型

青春型精神分裂症在青少年时期发病，以显著的思维、情感及行为障碍为主要表现。典型的表现为思维散漫、思维破裂、情感和行为反应幼稚，可能伴有片段的幻觉和妄想；部分患者表现为本能活动亢进，如食欲、性欲增强等。这种类型的精神分裂症首发年龄低、起病急，社会功能受损明显。

3. 紧张型

紧张型精神分裂症以紧张综合征为主要表现，患者主要表现为紧张性木僵、蜡样屈曲、刻板言行，以及不协调的精神运动性兴奋、冲动行为等。

4. 单纯型

单纯型精神分裂症主要在青春期发病，起病慢，患者的退缩、懒散行为突出，患者表现得孤僻退缩、情感淡漠。

5. 未分化型

未分化型精神分裂症具有上述各类型的部分特点，患者症状不稳固，妄想症、懒散孤僻、行为障碍同时存在，又称混合型精神分裂症。

6. 残留型

残留型精神分裂症是精神分裂症急性期之后的阶段，患者主要表现为幻觉、行为障碍不再发作，但患者残余逃避样的情感障碍，或残留部分的认知障碍，患者可能表现出性格改变或者社会功能衰退。

(三)精神分裂症的鉴别诊断

对于精神分裂症的鉴别诊断,国外常用的诊断标准有美国的疾病分类和诊断统计手册 DSM-IV-TR、WHO 的国际疾病分类手册 ICD-10,国内常用的诊断标准有中国精神障碍分类与诊断标准 CCMD-3。

精神分裂症通常需要与器质性疾病所致精神障碍,药物或精神活性物质所致精神障碍、心境障碍、偏执性精神障碍、强迫性神经症等疾病进行鉴别。

三、心理治疗——精神分裂症的治疗建议

服用抗精神病药物是精神分裂症患者的首选治疗方法。

(一)药物治疗

针对精神分裂症患者的治疗应该遵循系统且规范的治疗原则,强调早期、足量、足疗程,同时也要注意坚持单一用药原则和个体化用药原则。一般可选用的一线药物有利培酮、奥氮平、喹硫平等,二线药物有氯氮平、氯丙嗪等。

(二)心理治疗

除了运用药物治疗精神分裂症患者,同时还应根据患者病情需要辅助必要的心理治疗。具体的治疗方法应因人而异,要根据患者病情的发展变化来选择恰当的治疗技术。

四、小结

精神分裂症是由一组症状群所组成的临床综合征,它是多因素的疾病。尽管目前人们对其病因的认识尚不明确,但个体的心理易感素质和外部社会环境的不良因素对疾病产生的发生发展作用,是为大家所共睹的。无论是易感素质,

还是外部社会环境的不良因素，都可能通过个体内在生物学因素共同作用而引发疾病。对于不同的患者来说，导致其发病的因素中可能某一方面较为重要。

精神分裂症病程一般迁延，呈现反复发作、加重或者恶化的特点，部分患者最终出现衰退和精神残疾，但也有的患者经过治疗后可保持痊愈或基本痊愈状态。

一旦出现精神分裂症状，应及早就医，尽快治疗，以防延误和加重病情。平时需要做好个人心理保健和环境优化工作，创造良好的工作、生活环境，营造和谐健康的人际关系，塑造健全的身心素质，能够有效预防各类精神疾病的发生。

参考文献

[1] [美]大卫·伯恩斯. 高明的心理医生——情绪治疗完全实战手册[M]. 杨敏燕，牟海萍，译. 上海：华东师范大学出版社，2012.

[2] 立群. 彩色图解心理学[M]. 北京：中国华侨出版社，2016.

[3] Helen Yan. 几乎所有的焦虑都源于这一个小问题. 微信公众号"壹心理心探社". http://mp.weixin.qq.com/s/H9YZjDGsRqj-iR7rmc0Atg，2017.

[4] 孙红，刘新民. 职业倦怠[M]. 北京：人民卫生出版社，2009.

[5] 曾玲娟，伍新春. 国外职业倦怠研究概说[J]. 沈阳师范大学学报（社会科学版），2003，1（27）：81-84.

[6] 郝滨. 催眠与心理压力释放[M]. 合肥：安徽人民出版社，2009.

[7] 百度百科. 心理压力，2014-12-3，https://wapbaike.baidu.com/item/%e5%bf%83%e7.

[8] [日]深堀元文. 秘密全在小动作上[M]. 酸奶，译. 南京：江苏文艺出版社，2012，6：28-29.

[9] 金顺子. 做自己的心理咨询师[M]. 北京：中国纺织出版社，2010.

[10] [美]David A. Jobes. 自杀风险的评估与管理[M]. 北京：中国轻工业出版社，2020.

[11] 北京协和医院世界卫生组织国际分类家族合作中心. 疾病和有关健康问题的国际统计分类[M]. 董景五，主译. 第10次修订本. 北京：人民卫生出版社，2008.

[12] 李凌江，马辛. 中国抑郁障碍防治指南[M]. 2版. 北京：中华医学电子音像出版社，2015.

[13] 赵靖平，施慎逊. 精神分裂症防治指南[M]. 北京：中华医学电子音像出版社，2015.

[14] 美国精神医学学会. 精神障碍诊断与统计手册(案头参考书)：第五版[M]. [美]张道龙，等译. 北京：北京大学出版社，北京大学医学出版社，2014.

[15] [美]Deborah L C，Sabrina C，Carolyn J D，等. 心理动力学疗法——临床实用手册：第二版[M]. 徐玥，译. 北京：中国轻工业出版社，2019.